HOMERO

MNĒMA ESTUDOS CLÁSSICOS
Direção de **Alexandre Pinheiro Hasegawa**

Barbara
Graziosi
HOMERO

Tradução de Marcelo Musa Cavallari e
Maria Fernanda Lapa Cavallari

Prefácio de Teodoro Rennó Assunção

MNĒMA

Título original: *Homer*
© Barbara Graziosi, 2016
1ª edição em inglês, Oxford University Press, 2016.
1ª edição brasileira, Editora Mnēma, 2021.
2ª edição rev., 2022

Editor:
Marcelo Azevedo

Produção editorial:
Felipe Campos

Revisão técnica:
Rafael de Almeida Semêdo

Revisão final:
Felipe Campos

Direção de arte:
Jonas de Azevedo

Capa, diagramação e projeto gráfico:
J. Ontivero

Imagem da capa:
Alabastro de Terracotta (vaso de perfume) c. 575–550 a.C., Metropolitan Museum of Art

Dados Internacionais de Catalogação na Publicação (CIP) de acordo com ISBD

G785h   Graziosi, Barbara

       Homero / Barbara Graziosi ; traduzido por Marcelo Musa Cavallari, Maria Fernanda Lapa Cavallari. - Araçoiaba da Serra : Editora Mnēma, [2.ed] 2022.
       176 p. ; 14cm x 21cm.

       Tradução de: "Homer", Oxford University Press, 2016.
       Inclui bibliografia e índice
       ISBN: 978-65-991951-4-3

       1. Poesia grega. 2. Poesia épica grega. 3. Homero. 4. História e crítica literária. I. Cavallari, Marcelo Musa. III. Lapa Cavallari, Maria Fernanda. IV. Título.

                                                            CDD 881
       2021-3649   CDU 821.14

       Elaborado por Vagner Rodolfo da Silva - CRB-8/9410
       Índice para catálogo sistemático:

       1. Poesia grega 881
       2. Poesia grega 821.14

Todos os direitos desta edição reservados à
EDITORA MNĒMA
Alameda Antares, nº 45
Condomínio Lago Azul — Bairro Barreiro
CEP: 18190-000 — Araçoiaba da Serra/SP
www.editoramnema.com.br

APRESENTAÇÃO DA COLEÇÃO

Quando o rétor Quintiliano inicia a expor os autores indispensáveis para a formação do orador, diz (10.1.46) ser conveniente começar por Homero, que deu nascimento e modelo a todas as partes da eloquência, assim como do Oceano derivam os cursos de todos os rios e fontes. Para a Antiguidade, não é exagerado dizer que *no princípio era Homero*. Pareceu-nos, portanto, adequado inaugurar a Coleção Estudos Clássicos da Editora Mnēma com este *Homero* de Barbara Graziosi, que nos apresenta, de modo muito claro e preciso, não só a matéria da *Ilíada* e da *Odisseia*, mas também a maneira como estas obras foram lidas e formaram leitores por mais de dois mil anos.

Este início, que esperamos seja auspicioso, traz ao leitor de língua portuguesa uma obra já consagrada, originariamente publicada em inglês e destinada ao público não especializado. Daqui podemos apresentar dois objetivos da coleção: primeiro, traduzir trabalhos que já são referência na área dos Estudos Clássicos, difundindo-os mais entre o público de língua portuguesa; segundo, publicar obras que sejam acessíveis ao leitor não especializado, mas interessado nos autores da Antiguidade, que são fundamento de nossa sociedade.

Aos dois objetivos cumpridos com a presente publicação, somam-se ainda outros dois não menos importantes. A coleção será espaço para publicar também estudos de pesquisadores e professores de nossas universidades, que sempre passarão por avaliação anônima. Por fim, muitas obras serão também destinadas aos especialistas e à formação dos estudantes da Antiguidade. Esperemos que seja assim uma ágora para o debate e a reflexão destes textos que continuam a despertar tanto interesse.

A Editora Mnēma também terá outra coleção, em que se publicarão traduções comentadas destes textos antigos, sobretudo gregos e latinos. Apresentaremos, com mais detalhe, este outro rio, que trará ao público de língua portuguesa obras bilíngues, com introdução e muitas notas para auxiliar o leitor moderno a navegar por estas águas antigas, mas que certamente continuam a fertilizar nossos campos.

ALEXANDRE PINHEIRO HASEGAWA
Universidade de São Paulo

"Homero floresceu ao longo de milênios de recepções culturais, e acabou virando (como observou Nietzsche) mais um "julgamento estético" do que um fato histórico. Barbara Graziosi, neste volume esbelto e facílimo de ler, oferece uma introdução lúcida e culta, caracterizada pela sintonia com momentos-chave da vida da *Ilíada* e da *Odisseia*. Não temos apenas um levantamento sensível e novo dos próprios poemas e de seus contextos antigos (incluindo raízes na tradição oral, relações com a literatura do Oriente Próximo e evidências de uma Guerra de Troia). Ela também renova nossa consciência do impacto desta que é a mais precoce literatura grega, na literatura posterior, de Virgílio a Primo Levi. Rico em leituras de detalhes e cheio de dicas para uma exploração mais a fundo, o livro de Graziosi fornece um dos mais atualizados e confiáveis guias para a apreciação dos dois épicos eternamente relevantes".

— Richard P. Martin, Professor de Clássicas da cadeira Antony e Isabelle Raubitschek da Universidade de Stanford.

"Este livro brinda o leitor geral com uma vivaz introdução à poesia homérica – e ao mundo artístico em que essa poesia originalmente ganhou vida. Ao longo de sua exposição contundente, a autora não hesita em trilhar sua própria visão crítica sobre o valor duradouro de ler Homero em nosso próprio tempo".

— Gregory Nagy, professor da cadeira Francis Jones de Literatura Grega Clássica da Universidade de Harvard e diretor do Centro de Estudos Helênicos de Harvard.

SUMÁRIO

Agradecimentos 11
Lista de Ilustrações 13

PREFÁCIO
O *Homero* de Graziosi: uma introdução exemplar 15
Teodoro Rennó Assunção (FALE-UFMG)

Introdução 31

PARTE I: O POETA
   1. Procurando Homero 37
   2. Pistas textuais 43
   3. Pistas materiais 55
   4. O poeta nos poemas 69

PARTE II: A *ILÍADA*
   5. A ira de Aquiles 83
   6. Um poema sobre Troia 95
   7. A tragédia de Heitor 103

PARTE III: A *ODISSEIA*
   8. O homem de muitas guinadas 115
   9. Mulheres e monstros 127
   10. Uma viagem infernal 135

Referências 145
Leituras Complementares 155
Índice Remissivo 165

AGRADECIMENTOS

Este livro foi escrito enquanto eu dirigia um projeto de pesquisa intitulado Poetas Vivos: Uma Nova Abordagem para a Poesia Antiga (https://livingpoets.dur.ac.uk/). Agradeço ao Conselho Europeu de Pesquisa por financiar esse projeto, dando, desse modo, a mim e a outros a oportunidade de investigar como, através dos séculos, os leitores imaginaram os poetas da Grécia e de Roma e como, por sua vez, as biografias e retratos que eles produziram serviram de porta de entrada para as obras dos poetas. Agradeço à Oxford University Press, e especificamente à editora encarregada Andrea Keegan, por me dar a oportunidade de apresentar Homero aos leitores de hoje, começando por como ele foi imaginado.

Gostaria de agradecer aos *peer reviewers* anônimos por sua experiência e incentivo: os comentários deles melhoraram o livro de muitas maneiras. Também me beneficiei da discussão sobre Homero com Johannes Haubold ao longo dos anos: muitas das opiniões expostas aqui são resultado dessas conversas. Ler a *Ilíada* e a *Odisseia* com os alunos foi uma importante fonte de prazer e ideias, e mostrou-se especialmente proveitoso enquanto eu planejava este livro. David Elmer me ajudou a achar a fotografia da p. 44. Massimo Brizzi desenhou os mapas das pp. 60 e 73. Kim Birchall preparou o Índice e Mohana Annamalai supervisionou a produção. Sou muito grata pela experiência e paciência delas. Emma Ma e Jenny Nugee, da Oxford University Press, forneceram um apoio incansável durante a gestação excessivamente longa deste livro bem curto.

LISTA DE ILUSTRAÇÕES

1. Cópia romana de um retrato helenístico de Homero (c. 150 a.C.), British Museum. © http://www.BibleLandPictures.com / Alamy Stock Photo.
2. Homero, de Joongwon Jeong. Acrílico sobre tela, 112x162 cm. © Jeong Joongwon.
3. Nikola Vujnović e Salih Ugljaninć (1933). © the Milman Parry Collection of Oral Literature at Harvard University.
4. Taça ateniense retratando Odisseu e Nausícaa, século V a.C., Museu Britânico. © The Trustees of the British Museum.
5. Sophia Schliemann vestindo os tesouros descobertos pelo marido no sítio arqueológico da antiga Troia, c. 1874. © Mary Evans Picture Library / Alamy Stock Photo.
6. Os Muros de Troia, c. 1200 a.C. © Alexander A.Trofimov / Shutterstock.
7. Mapa da viagem de Odisseu. Mapa cortesia de Massimo Brizzi
8. "Taça de Nestor" com o desenho das linhas da inscrição (c. 740-720 a.C.), Museu Arqueológico de Pithecusae, Ísquia. a. © Maria Grazia Casella / Alamy Stock Photo. b. Desenho de Barbara Graziosi.
9. Mapa do "Catálogo das Naus" e do "Catálogo dos Troianos". Mapa cortesia de Massimo Brizzi.
10. Sarcófago de mármore retratando o Rei Príamo implorando a Aquiles que devolvesse o corpo do seu filho, século II d.C. Museu Nacional, Beirute. DEA / G. Dagli Orti / Getty Images.

11. A morte de Aquiles pintada em um vaso de figuras vermelhas, Pintor dos Nióbidas, c. 460 a.C. Antikenmuseum, Bochum, Coleção de Arte da Universidade do Ruhr em Bochum S 1060; Foto Michael Benecke

12. Angelika Kauffmann, Heitor despedindo-se de Andrômaca. Fundo Nacional, Saltram House, Plymouth. © NTPL / John Hammond.

13. Vaso beócio de figura negra mostrando Odisseu e o vento Bóreas, século IV a.C., Museu Ashmoleano, Oxford © Museu Ashmoleano / Mary Evans.

14. Romare Bearden, Odisseia Roots (1976), Fundação Romare Bearden, Nova Iorque. © Romare Bearden Foundation / DACS, London / VAGA, New York.

PREFÁCIO

O *HOMERO* DE GRAZIOSI: UMA INTRODUÇÃO EXEMPLAR

Teodoro Rennó Assunção (FALE-UFMG)

A melhor maneira talvez para começar este breve prefácio seja lembrar a evidência às vezes esquecida ou mal percebida do quanto a pesquisa e o ensino de boa qualidade estão intimamente interligados e podem se beneficiar muito reciprocamente ao longo dos anos. Pois Barbara Graziosi não só foi uma excelente aluna e pesquisadora – desde o Liceo Classico "Dante Alighieri" em Trieste até a graduação universitária e o mestrado em Oxford, e enfim o doutorado em Cambridge – como também uma excelente e premiada professora universitária na graduação e também como orientadora de doutorado na Universidade de Durham na Inglaterra onde ensinou de 2010 a 2018, ano em que foi para a Universidade de Princeton nos EUA (e isso sem mencionar os seus artigos e resenhas para a grande imprensa inglesa mais qualificada, assim como os seus eventuais programas didáticos para o rádio e a televisão inglesa, francesa, italiana ou norte-americana). Não é, portanto, uma surpresa que este seu breve, claro e muito informativo livro de 2016 (pela editora da Universidade de Oxford), com o título direto e sucinto de *Homero*, seja uma introdução exemplar ao seu tema: o mais antigo poeta grego ("Homero") e seus dois grandes e magistrais poemas, a *Ilíada* e a *Odisseia*.

Mas se formos situar este *Homero* no conjunto da sua obra (em livro) publicada, a primeira informação relevante é a de que esta começa justamente com a publicação em 2002 (pela editora da Universidade de Cambridge) de uma versão revisada da sua tese de doutorado com o título de *Inventing Homer* (*Inventando Homero*) e o subtítulo *The Early Reception of Epic* (*A recepção arcaica da épica*), cujo objetivo é estudar mais precisamente o quanto a representação do autor "Homero" – que vinha já há algum tempo sendo colocado em questão pelos eruditos modernos e contemporâneos (desde Vico) como um autor tradicional identificável a um indivíduo histórico – (retomando: o quanto esta representação de Homero) pelos autores gregos arcaicos e clássicos (do século VI ao IV a.C.) permitiria configurar o modo como eles recebiam a poesia épica atribuída então a ele, e que não se restringia necessariamente apenas à *Ilíada* e à *Odisseia*, mas podia ainda abarcar os *Hinos homéricos*, os outros poemas relativos à guerra de Troia (ou do chamado "ciclo épico troiano", cujos resumos são consultáveis na *Crestomatia* de Proclo), a saga relativa a Tebas (ou *Tebaida*) e os poemas cômicos *Margites* e a *Batracomiomaquia* (*Combate dos sapos contra os ratos*), além de mais alguns outros.

Mas antes que desdobremos um pouco mais este tema (que é contemplado resumidamente no 1º capítulo de *Homero*), caberia ainda acrescentar que uma espécie de versão ampliada e aprofundada desta presente introdução, e como ela voltada para um público leitor mais amplo (ainda que minimamente formado ou culto), tinha sido o seu segundo livro (de 2005), agora em parceria com Johannes Haubold (também um estudioso de Homero e "coincidentemente" seu marido), *Homer: The Resonance of Epic* (*Homero: a ressonância da épica*), cuja primeira parte (em dois capítulos) é semelhantemente dedicada a discutir a questão do autor ("o poeta") e da obra ("os poemas"), assim como a segunda parte (em três capítulos) se volta para uma arguta discussão da *Ilíada* e da *Odisseia*, mas não cada uma por si separadamente (como nas partes 2 e 3 de *Homero*) e sim pelos seguintes temas genéricos: "deuses, animais e destino" (cap. 3), "homens, mulheres e sociedade" (cap. 4) e "morte, fama e poesia" (cap. 5).

Por outro lado e complementarmente, o seu terceiro livro (de 2010), também em parceria com Johannes Haubold, foi – agora para um público mais especializado capaz de ler o grego antigo – uma erudita e excelente edição de texto grego comentado verso a verso (e antecedida por uma introdução) do Canto 6 da *Ilíada*: *Iliad 6: A Commentary*, da coleção de clássicos gregos e latinos da editora da Universidade de Cambridge. Analogamente, a sua longa introdução (de mais de 80 páginas) começará discutindo atentamente "o poeta e as musas" (cap. 1) e os vários aspectos da "composição da épica homérica" (cap. 2), para depois comentar "o Canto 6 na estrutura da *Ilíada*" (cap. 3), e finalmente os quatro "difíceis encontros" (cap. 4) que constituem a maior parte deste Canto que é uma espécie de intervalo para o destrutivo combate direto entre aqueus e troianos no exterior da cidade de Troia: "Glauco e Diomedes" (4.1), "Heitor e Hécuba" (4.2), "Heitor, Páris e Helena" (4.3) e "Heitor e Andrômaca" (4.4), para – antes de apresentar qual será a versão deles do texto grego (cap. 6) – finalizar com uma breve discussão sobre "o encontro entre Heitor e Andrômaca através do tempo" (cap. 5), que, semelhantemente ao último capítulo (sobre a tradição da descida de Odisseu ao Hades) da 3ª parte dedicada à *Odisseia* no livro *Homero*,[1] se volta para um estudo da recepção desta dramática despedida iliádica de Heitor e Andrômaca na literatura antiga (grega e romana) e moderna subsequentes.

Ora – além do seu outro livro individual (de 2013), que é um estudo erudito amplo sobre a longa história, na tradição ocidental, dos deuses gregos do Olimpo, *The Gods of Olympus: a History*, tratando de um modo claro e preciso de um tema também difícil

---

[1] Caberia dizer aqui, já me antecipando (e porque não tratarei disso depois, como poderia ser esperável), que este último capítulo do *Homero* de Barbara Graziosi não só comenta com argúcia o Canto 11 da *Odisseia*, mas, lembrando a catábase anterior de Enkídu na acádica *Epopeia de Gilgámesh*, retoma também – no que poderia ser chamado de um brevíssimo estudo de recepção literária – o Canto 6 da *Eneida* de Virgílio e o "Inferno" da *Divina Comédia* de Dante, para chegar até a contundente literatura contemporânea de Primo Levi (*É isto um homem?* e *A trégua*) que retrabalha este motivo a partir da realidade terrível dos campos de extermínio nazistas na segunda grande guerra mundial.

e de interesse mais genérico – caberia citar também os dois livros coletivos ou coletâneas que ela organizou com outras autoras acadêmicas (e de que ela também participou com um artigo próprio), o primeiro dos quais trata da *recepção literária* contemporânea de Homero, e o segundo, em conjunção com a cultura material, da dos *túmulos* de outros poetas antigos, ou seja: *Homer in the Twentieth Century: Between World Literature and the Western Canon* (de 2007), com Emily Greenwood, e *Tombs of the Ancient Poets: Between Literary Reception and Material Culture* (de 2018), com Nora Goldschmidt, o primeiro deles contendo um inteligente estudo seu sobre a relação ficcional com um Homero da tradição oral (sobretudo em *O dossiê H*) do romancista albanês contemporâneo Ismail Kadaré, e o segundo um bem pensado estudo seu sobre as figurações antigas (meio fantásticas) do túmulo de Orfeu.[2]

Mas se – depois de situar o quanto este introdutório *Homero* retoma ou antecipa elementos presentes em outros livros de Barbara Graziosi – voltarmos agora para a sua primeira parte, observaremos primeiramente o modo condensado, sóbrio e claro como é apresentado todo o material de pesquisa formulado em *Inventing Homer* ou mesmo na primeira parte de um livro de divulgação acadêmica mais aprofundada como *Homer: The Resonance of Epic*. Após lembrar o modo como os gregos antigos interpretavam o significado do nome próprio "Homero" ("cego" ou "refém"), assim como seus possíveis locais de nascimento (sete cidades gregas, algumas das quais no extremo leste do Mediterrâneo), Graziosi indica não ser possível saber nada sobre o poeta a partir dos seus próprios poemas, que, por sinal, apenas no século IV a.C. (por exemplo, por Platão e Aristóteles) começaram a ser considerados como se restringindo à *Ilíada* e à *Odisseia*.

Isso a leva, portanto, a apresentar as características formais distintivas destes dois poemas, segundo a hipótese de Milman

---

[2] Entre os inúmeros artigos acadêmicos de Barbara Graziosi, caberia citar aqui, como um exemplo acessível ao leitor comum, o que foi traduzido por mim para o português, "Inspiração divina e técnica narrativa em Homero", publicado no dossiê "Homero" da *Classica - Revista Brasileira de Estudos Clássicos* v. 29, n. 1, 2016, p. 103-123. Desde 2018, B. Graziosi é também consultora internacional da *Classica*, a principal revista acadêmica brasileira de estudos clássicos.

Parry e Albert Lord (da Universidade de Harvard), a partir de sua pesquisa comparativa feita sobre a tradição épica oral da antiga Iugoslávia (nos anos 1930): o fato de serem construídos com fórmulas feitas (numa língua grega antiga artificial combinando basicamente o dialeto jônico com o eólico) para se encaixar no padrão rítmico ou métrico regular do hexâmetro dactílico, verso longo composto de seis unidades com uma sílaba longa e duas breves (ou uma longa em substituição), o que no caso de um personagem ou objeto levaria à escolha, em um estoque tradicional já existente, entre fórmulas únicas opcionais para o preenchimento de determinados espaços ou tempos métricos do hexâmetro (o que será chamado de "economia"), permitindo uma relativa automatização de uma composição narrativa oral no instante mesmo de sua *performance*, mas levando também a uma certa repetição que choca um pouco um leitor habituado ao modo prevalente de composição numa cultura escrita.

Esta descoberta de Milman Parry (que morreu muito jovem) foi desenvolvida depois por seu discípulo Albert Lord, que percebeu que, também no plano maior da narrativa, certas estruturas básicas de cenas mais ordinárias recorrentes (que ele chamou de "temas", mas Walter Arend, de "cenas típicas") se repetiam com algumas variações (ampliações, reduções ou transposições), como, por exemplo, as cenas de armamento, de combate, de súplica, de preparação para viagem, de banquete, de banho ou de preparação para dormir. Mas, curiosamente, assim como no caso primário da fórmula, isso não impede a composição de uma narrativa complexa e sofisticada (também do ponto de vista ético ou ontológico) onde as personagens e suas ações variam flexível e convenientemente segundo os diferentes momentos da história. E deve-se ainda observar que a possível composição oral originária da narrativa homérica não exclui em um momento final o uso também da escrita (ainda que não se saiba exatamente como ou quando), uma vez que os poemas só nos chegaram devido ao seu registro escrito.

Do poeta ou narrador maior das histórias dos dois grandes poemas – que jamais se nomeia ou indica nenhum dado pessoal – temos alguns breves instantes de uso da primeira pessoa, logo no proêmio, quando se dirige à Musa (uma deusa do próprio canto) ordenando ou pedindo instantemente que cante ou conte a história principal de seu protagonista (Aquiles na *Ilíada* e Odisseu na *Odisseia*), assim como quando sente que sua memória humana seria incapaz de lembrar com precisão todos os personagens ou detalhes que compõem uma dada cena ou situação (como no famoso exemplo da invocação que antecede o "catálogo das naus" no Canto 2 da *Ilíada*, repertoriando os principais chefes e seus contingentes tanto do exército aqueu quanto do troiano).

Mas a *Odisseia* contém também – ainda que elas não sejam documentos históricos – algumas representações de cantores e suas *performances* de canto (com o acompanhamento de um instrumento de corda ou "lira", em cenas de banquete para entreter os nobres): Demódoco (cego e verídico, como Homero) no palácio de Alcínoo entre os Feácios, e Fêmio (impreciso e falso) no palácio de Odisseu entre uma maioria de pretendentes, coincidentemente cantando episódios mais curtos da história mais ampla da guerra de Troia (Demódoco) ou dos retornos dos heróis (Fêmio); quando se sabe bem que as recitações (sem acompanhamento musical) sequenciadas de cada poema inteiro de Homero por rapsodos em grandes festivais (como as Grandes Panateneias em Atenas) podiam durar até três dias inteiros.

E, enfim, também desta primeira seção do *Homero* faz parte uma sempre difícil tentativa mínima de situar historicamente tanto a "história" destes heróis (que são mais fortes e primitivos do que os homens contemporâneos ao narrador) quanto a da provável composição dos próprios poemas, usando para tanto os dados materiais descobertos pela arqueologia a partir da aventura pioneira de Heinrich Schliemann (1822-1890), quando escavou e encontrou os restos de um antigo e rico palácio em Hissarlik na costa da atual Turquia, assim como depois as fortificações em Micenas e Pilos na Grécia continental, que datariam do fim do segundo milênio a.C., após o qual sobreveio uma longa interrupção civilizacional chamada de "Idade das Trevas". Mas uma série de elementos como os templos e as estátuas cultuais (e também as praças públicas), uma arte da narração e um conhecimento mais amplo do mundo mediterrâneo de então sugerem que a composição destes dois poemas não poderia ser anterior ao século VIII a.c., sendo que a presença disseminada de cenas dos dois poemas em vasos de meados do século VI a.c. faz crer que eles não poderiam ser posteriores a essa data.

No entanto, ainda que de uma maneira resumida e leve (contando com a ajuda de bem escolhidas e instrutivas fotos relativas ao que está sendo exposto discursivamente), toda esta primeira parte só se justifica bem como uma introdução à segunda e à terceira parte que tratam respectivamente da *Ilíada* e da *Odisseia*. E aqui seria preciso dizer que – apesar da grande diferença histórico-cultural nos separando do mundo heroico ficcional descrito nestes dois poemas – eles ainda podem nos tocar de perto porque o pressuposto antropológico elementar de suas comoventes histórias é a *mortalidade*, algo com o que qualquer leitor terá necessariamente de lidar ou já está lidando, quer saiba disso claramente ou não.[3]

No caso da *Ilíada*, a mortalidade de Aquiles – assim como a de seu pai Peleu – é significativamente um dado essencial (mesmo que não explicitado) para a compreensão do poder de Tétis (sua mãe) junto a Zeus, fazendo com que este tenha de atender a seu pedido para honrar o seu filho, destratado por Agamêmnon, com uma derrota parcial dos aqueus, que durará até a volta de Aquiles ao combate: segundo a *8ª Ístmica* de Píndaro (versos 29-38), se Zeus, que um dia desejou se unir a Tétis, tivesse tido um filho com ela, este filho (como ele mesmo em relação ao seu pai Crono e este em relação ao seu pai Céu) iria destroná-lo e assumir o poder entre os deuses, dando sequência aos conflitos pela soberania divina tais como descritos na *Teogonia* de Hesíodo (onde uma função análoga à de Tétis é desempenhada pela deusa Astúcia, ver versos 897-898). Segundo esta história (implícita também no *Prometeu*

---

[3] A partir de agora eu irei retomar alguns elementos básicos da exposição sintética de Barbara Graziosi sobre a *Ilíada* e a *Odisseia*, com a qual estou basicamente de acordo, a partir justamente dessa perspectiva bem marcada da mortalidade dos heróis, mas me dando a liberdade para omitir, acrescentar ou apresentar de outro modo alguns de seus elementos.

agrilhoado de Ésquilo), a mortalidade de Aquiles é, portanto, uma espécie de garantia da soberania definitiva e estável de Zeus.[4]

Aquiles parece, porém, apostar de algum modo não só na sua mortalidade, mas também na brevidade de sua vida para conquistar uma compensação transcendendo a sua inevitável morte na "fama imperecível" (*kleos aphthiton*) que viria justamente do relato de seus altos feitos na guerra de Troia, enquanto a possibilidade de um "retorno" (*nostos*) para sua pátria e de uma longa vida representaria para ele a perda da "nobre fama" e o consequente anonimato, tal como lhe havia predito sua mãe (ver *Ilíada* 9, 410-416). Imediatamente antes, na mesma fala em que ele diz isso para Odisseu, recusando os valiosos presentes de reparação oferecidos por Agamêmnon, ele também formula com muita lucidez a irreversibilidade da morte como uma espécie de fundamento para o valor inexcedível da coragem guerreira de arriscar tudo em cada combate ou ação perigosa: "Bois e robustas ovelhas são passíveis de pilhagem,/ trípodes e cabeças castanhas de cavalos, de aquisição:/ a alma de um varão não volta e não se pode pilhar/ nem adquiri-la assim que deixa a cerca dos dentes." (*Ilíada* 9, 406-409, tradução de Christian Werner).[5] Mas Aquiles, que para Odisseu tinha dito que voltaria para casa no dia seguinte, após as falas de Fênix e Ájax, modifica seu plano anterior, dizendo que só voltaria a combater quando Heitor estivesse para colocar fogo nas suas próprias naus (ver *Ilíada* 9, 650-655).

Mas na história da "cólera" (*mēnis*)[6] de Aquiles contra Agamêmnon (devido ao não reconhecimento do seu valor guerreiro

---

[4] Isso foi exposto, com maestria e em todas as suas outras implicações na *Ilíada*, por Laura Slatkin em *The Power of Thetis: Allusion and Interpretation in the Iliad* (Berkeley: University of California Press, 1991, particularmente p. 53-84). Obviamente Barbara Graziosi não só usa como faz referência nas notas a este livro, mas eu poderia aproveitar a ocasião para observar o quanto neste seu *Homero* ela evita sobrecarregar a exposição com um excesso de referências bibliográficas, mesmo que ao fim ela reúna um pequeno acervo excelente de obras eruditas fundamentais para o estudo de Homero.

[5] Devo esclarecer que, para evitar uma tradução de uma tradução, usei aqui esta de Christian Werner, mas Barbara Graziosi em *Homero* sempre traduz, ela mesma, com precisão para o inglês as passagens que cita da *Ilíada* ou da *Odisseia* (ou de outros autores antigos).

[6] Para uma discussão erudita realmente detida e detalhada do termo grego *mēnis*, decisivo por constituir a primeira palavra do poema e de seu tema básico, tal como exposto em seu proêmio, ver a obra fundamental de Leonard Muellner (obviamente citada também por Barbara Graziosi em sua orientação bibliográfica final) *The Anger of Achilles: Mênis in Greek Epic* (Ithaca: Cornell University Press, 1996).

expresso no prêmio especial que é a sua cativa Briseida, tomada por Agamêmnon) – e que constitui a intriga central do poema, permitindo ao poeta contar os eventos decisivos para a história da vitória dos aqueus na guerra de Troia (ainda que inclua vários outros de forma indireta) – será antes a morte inesperada de seu companheiro Pátroclo o evento crucial no conjunto da trama do poema,[7] como se a nos lembrar de nossa ordinária vulnerabilidade face ao destino mortal (sobre o qual não temos nenhum controle)[8] de nossos seres mais próximos e queridos. Pois esta morte fará cessar a cólera contra Agamêmnon, permitindo a reintegração de Aquiles ao exército aqueu e o reconhecimento de que a sua excelência guerreira só adquire algum sentido quando exercida em ato para o bem de sua comunidade. Não é, porém, um desejo de fama imortal o que então o motiva mais (mesmo que saiba que, matando Heitor, ele morrerá pouco depois), mas um desejo incontível de vingar a morte de seu mais querido companheiro.

Neste mesmo movimento, Aquiles realizará de modo grandioso e monumental os ritos fúnebres em honra a Pátroclo, assim como tentará impedir que aconteçam os de Heitor, através do ultraje a seu cadáver, que, no entanto, será preservado por Apolo, que age então no sentido de uma básica humanização. E se sua aceitação da morte de Pátroclo passa por uma quebra de sua recusa de comer e dormir (e também de dormir com uma mulher), a sua

---

[7] Ironicamente é o próprio Aquiles quem se interessa por saber (ou se certificar sobre) quem é o guerreiro ferido (Macáon, exatamente como ele supõe) que Nestor leva para o acampamento em seu carro, pedindo então a Pátroclo que vá se informar junto a Nestor (ver *Ilíada* 11, 599-615) e criando assim a ocasião para que Nestor sugira a Pátroclo que Aquiles o libere para lutar (com suas armas e armadura) com os Mirmidões, dando então um primeiro alívio aos aqueus derrotados (ver *Ilíada* 11, 792-803), o que constitui precisamente o ponto de partida para a morte de Pátroclo.

[8] Dentro da *Ilíada*, a imprevisibilidade do futuro é uma perspectiva genérica para todos os personagens heroicos (que curiosamente os aproxima do que seria a perspectiva ordinária da vida de qualquer ouvinte/leitor mortal), enquanto os deuses (e, sobretudo, Zeus), o narrador e paradoxalmente o ouvinte/leitor do poema compartilham de um básico conhecimento prévio da trama que os afasta do que é a constitutiva ignorância mortal quanto ao futuro e particularmente quanto ao quando e ao como da própria morte, assim como a dos seus seres mais queridos.

aceitação final de devolver o cadáver de Heitor a Príamo, que vai temerariamente buscá-lo na barraca do seu maior inimigo, é complementada (em um discurso de consolação) pelo reconhecimento de que uma desgraça comum une muito elementarmente Príamo, que perdeu o seu filho mais querido, e Peleu, o seu pai, que também perderá o seu filho, sem que este possa ampará-lo em sua velhice,[9] fazendo com que Aquiles proponha a Príamo que ele também aceite humildemente a morte de Heitor e compartilhe uma refeição com o matador de seu filho, para depois disso também poder dormir um pouco.

Mas – ainda que a causa da guerra de Troia (o rapto de Helena e a apropriação indébita de bens de Menelau por seu hóspede Páris), tal como rememorada no Canto 3, justifique em última instância uma vitória dos aqueus – o poeta da *Ilíada* jamais é unilateral ou maniqueísta, tendo a agudeza e a sensibilidade moral de mostrar também o quanto a guerra é terrível para os derrotados que são feridos ou mortos (assim como, no caso dos troianos, para suas mulheres que serão inevitavelmente escravizadas).[10] Neste sentido, poderíamos ou deveríamos ler também o desfecho da *Ilíada* do ponto de vista trágico de Heitor,[11] que no confronto final com Aquiles não só é abandonado por Apolo e enganado por Atena (que cria um simulacro de seu irmão Deífobo), como

---

[9] Os dois, Príamo e Peleu, antes disso reis afortunados, conhecerão na velhice desgraças que esclarecem bem que o melhor destino possível para os mortais é no máximo uma mistura de bens e males, tal como é formulado realisticamente por Aquiles na famosa imagem dos dois cântaros: "Dois tipos de cântaro estão no chão de Zeus/ com dons que ele dá, males num, bens no outro./ A quem Zeus prazer-no-raio der uma mistura,/ este ora obtém algo ruim, ora algo bom;/ a quem der só coisas funestas, torna-o desprezível,/ danosa fome canina impele-o sobre a terra divinal,/ e vaga nem honrado pelos deuses nem pelos mortais." (*Ilíada* 24, 527-533, tradução de Christian Werner).

[10] Isso foi exemplarmente percebido e formulado por Simone Weil em seu conhecido ensaio "A Ilíada ou o poema da força" (In: Weil, S. *A condição operária e outros estudos sobre a opressão*. Rio de Janeiro: Editora Paz e Terra, 1996, p. 379-407), que Barbara Graziosi obviamente conhece e também cita em sua orientação bibliográfica final.

[11] O título do capítulo final da segunda parte de Homero, dedicada à *Ilíada*, "The Tragedy of Hector" ("A tragédia de Heitor") é também o subtítulo do belo livro de James M. Redfield, *Nature and Culture in the Iliad* (Chicago: University of Chicago Press, 1975), que Barbara Graziosi também cita em sua orientação bibliográfica final.

também é de algum modo traído por seu excessivo sentimento de vergonha (*aidōs*) e dever em relação aos troianos, tal como ele mesmo explicita para Andrômaca na comovente cena de despedida entre os dois (e ainda o filho bebê Astíanax) no fim do Canto 6, naquilo que para o leitor (mas não para o personagem) será uma antecipação certeira tanto de sua morte quanto de seu rito fúnebre (em que Andrômaca também entoa um canto de lamentação) com que de fato a *Ilíada* finalmente termina.

Se nos voltamos agora para a *Odisseia*, objeto da terceira e última parte do *Homero* de Barbara Graziosi, reencontramos uma mesma forte atenção à mortalidade, mas com uma perspectiva bem diferenciada ou quase oposta à do protagonista da *Ilíada*, pois Odisseu não apenas não se sente obrigado a escolher entre o *kleos* (a "fama") e o *nostos* (o "retorno"), como irá justamente obter o seu *kleos* por meio do seu demorado e difícil *nostos*, sendo ele o último dos heróis aqueus em Troia a conseguir retornar vivo para sua pátria e casa,[12] o que faz da *Odisseia* (sobretudo em sua primeira parte) uma múltipla e variada narrativa de viagens. Logo no começo, em Ítaca, ninguém sabe ao certo se Odisseu está vivo ou morto (razão das viagens de Telêmaco a Pilos e Esparta), sendo que sua primeira localização, onde ele já está desaparecido ou escondido há sete anos, é a gruta da deusa-ninfa Calipso (nome que em grego quer dizer justamente "a que esconde") que, desejando sua companhia sexual, lhe oferece a imortalidade e a eterna juventude, mas isoladamente e fora do mundo humano, o que para ele representaria uma espécie de morte (ou vida tediosa), pois a única imortalidade que parece lhe interessar e para ele fazer algum sentido é a que viria de ser lembrado entre os humanos por seus altos feitos ou sua biografia de um homem

---

[12] Que a vida, mesmo humílima e muito sofrida, e não a "fama imortal", seja (escandalosamente para uma ética aristocrático-guerreira) um valor prioritário para a *Odisseia* é o que se depreende da fala da *psychē* de Aquiles para Odisseu no Hades, quando este último elogia o poder que Aquiles teria até mesmo aí: "Não me consoles da morte, ilustre Odisseu!/ Preferiria, sendo um lavrador, alugar meus serviços a um outro,/ a um homem sem-lote, que não tem muitos recursos,/ do que reinar entre todos os mortos já perecidos." (*Odisseia* 11, 488-491, tradução minha).

capaz de sobreviver e retornar à sua casa para encontrar a sua mulher (mortal como ele) e seus familiares.[13]

E ainda que esteja longe de ser um covarde (mesmo na *Ilíada*), a qualidade que primeiramente distingue Odisseu (assim como a deusa com quem tem mais afinidades, Atena) e à qual deve principalmente a sua sobrevivência é a *mētis* (a "astúcia" ou "inteligência prática"), sendo um de seus epítetos distintivos o de *polymētis* ("muito astucioso") ou ainda o de *polymēchanos* ("de muitos recursos", "inventivo"), pois ele é capaz de se adaptar às (e tirar algum partido das) circunstâncias mais difíceis e desfavoráveis. Mas, como Graziosi observa bem no comecinho da terceira parte de *Homero*, o primeiro verso da *Odisseia* (que, como todo o proêmio deste poema, não identifica o seu protagonista pelo nome) irá defini-lo como um *andra* ("homem") *polytropon*, epíteto que em grego pode ter mais de um sentido (dependendo do modo como se lê *tropos*, o segundo elemento do composto): enquanto Trajano Vieira traduz com engenho por "multiversátil", sugerindo uma acrescida capacidade de "se virar" (algo que torna também compreensíveis as traduções mais convencionais por "astucioso" de Odorico Mendes ou de Carlos Alberto Nunes, ou ainda por "astuto" de Frederico Lourenço), Christian Werner traduz mais literalmente por "muitas-vias", abrindo também para o sentido de "muito viajado", que a imediata sequência do primeiro verso confirma. O proêmio antecipa assim o que será uma característica de Odisseu ao longo da *Odisseia*, o adiamento de sua nomeação e identificação,[14] eventualmente com a invenção de nomes e identidades falsos, fazendo também do disfarce um importante recurso seu.

---

[13] Isso foi sugerido com perspicácia por Jean-Pierre Vernant numa parte do artigo "Mort grecque, mort à deux faces", que foi traduzida para o inglês com o título de "The Refusal of Odysseus" e incluída na muito útil coletânea *Reading the Odyssey: selected interpretive essays*, organizada por Seth L. Schein (Princeton: Princeton University Press, 1996, p. 185-189), que Barbara Graziosi inclui também em sua orientação bibliográfica final.

[14] Essa característica (que eventualmente é estendida também a Telêmaco) foi muito bem percebida e formulada por Bernard Fenik no capítulo "The nameless Stranger" de *Studies in the Odyssey* (Wiesbaden: Franz Steiner Verlag, 1974, p. 5-60).

Ao chegar ao palácio de Alcínoo na Feácia, por exemplo, estando com uma túnica, emprestada por Nausícaa, de um dos seus irmãos, Odisseu é interrogado por Arete sobre sua identidade, mas evita dizer o seu nome, o mesmo se dando quando depois é interrogado por Alcínoo, que no entanto reconhece seu bom senso, chegando a desejar tê-lo como genro (assim como Nausícaa também passa a desejá-lo, após o seu banho no rio), o que novamente não seduz Odisseu, que, com seu choro disfarçado (mas percebido por Alcínoo) ao ouvir Demódoco cantar sobre episódios dele na guerra de Troia, acaba forçando Alcínoo a exigir que ele diga seu nome e revele sua identidade, o que ele fará contando suas aventuras desde Troia até chegar à Ogígia onde habita Calipso. E destas viagens em territórios não humanos (onde ele também é desejado pela perigosa deusa-ninfa Circe) o episódio mais emblemático de um disfarce de seu nome e identidade é o com o ciclope antropófago Polifemo, pois aí (depois de embriagá-lo com um bom vinho forte e sem mistura com água) ele escolhe e diz o nome trocadilhesco de "Ninguém" (*Outis*) – em troca do irônico presente de hospitalidade de ser o último a ser devorado – que permite que os outros ciclopes não saibam direito quem cegou Polifemo, quando ele lhes diz que "Ninguém (*Outis*) está me matando por dolo nem (e não) pela força" (*Odisseia* 9, 408), num jogo de linguagem sutil em grego, que envolve também a negação com um "*mē tis*" ("alguém não"), por sua vez remetendo a *mētis* ("astúcia"), mas que parece sugerir também paradoxalmente um máximo possível de anulação da própria identidade (algo que, em princípio, contradiria francamente o código heroico) como tática de sobrevivência.[15]

Um rebaixamento semelhante, mas agora na escala social (e etária), perpassa o disfarce que Odisseu assumirá, segundo o plano inicial de Atena, durante a sua chegada a Ítaca até a matança dos pretendentes (e mesmo depois): o de um velho

---

[15] Uma discussão detalhada e inteligente da questão do nome próprio e da identidade na *Odisseia* está no livro de John Peradotto, *Man in the Middle Voice: Name and Narration in the Odyssey* (Princeton: Princeton University Press, 1990), que também faz parte da orientação bibliográfica final de Barbara Graziosi.

mendigo, que completa a cada vez o seu disfarce com uma nova história biográfica e eventualmente também um novo e significativo nome, exercendo aí, numa dimensão ficcional, uma capacidade em que (para os Feácios, no relato de suas "viagens fantásticas") ele já havia provado ser excelente: a de um bom contador de histórias. Seria possível, assim, ainda que Graziosi não o faça explicitamente, pensar também a segunda metade da *Odisseia* (como, aliás, já havia de algum modo sugerido Aristóteles nos capítulos 16 e 24 da *Poética*) segundo um progressivo e reajustado processo de "reconhecimento" (*anagnōrisis*) da identidade de Odisseu (visando uma retomada bem sucedida de suas funções de pai, senhor, rei, marido e filho): por Telêmaco, Euricleia, Eumeu e Filécio, os pretendentes, as servas fiéis, Penélope e enfim Laerte.[16] Neste sentido, o tema da veste como signo de identidade social e o do banho, uma cena típica onde a troca de veste é o elemento final (e onde o corpo com suas marcas é exposto), adquirem também na *Odisseia* uma importância especial, justificando, por exemplo, porque Odisseu evita aceitar um banho de corpo inteiro oferecido por Penélope antes da matança dos pretendentes e prefere apenas ter os pés lavados por uma velha serva.[17]

Se Barbara Graziosi destaca bem em *Homero* a importância das mulheres na *Odisseia* e especialmente a de Penélope, ela evita tratar diretamente de uma das mais difíceis, debatidas e fascinantes questões neste poema: a do reconhecimento de Odisseu-mendigo por Penélope antes da matança dos pretendentes e particularmente no Canto 19, quando os dois enfim podem conversar pela primeira vez depois de vinte anos e ela (após a lavagem dos pés dele por Euricleia) irá relatar a ele o sonho dos vinte gansos

---

[16] Ver para tanto *Disguise and Recognition in the Odyssey* de Sheila Murnaghan (Princeton: Princeton University Press, 1984) e os capítulos 2 e 3 de *Cenas de reconhecimento na poesia grega* de Adriane Duarte (Campinas: Editora da Unicamp, 2012, p. 29-187).

[17] Ver para a questão da veste na *Odisseia* o artigo de Elizabeth Block "Clothing Makes the Man: A Pattern in the *Odyssey*" (*TAPA* vol. 115, 1985, p. 1-11) e para uma descrição da cena típica do banho na *Odisseia* o subcapítulo "The Bath" em "7. Thematic Structure in the *Odyssey*" no livro *Traditional Oral Epic* de John Miles Foley (Berkeley: University of California Press, 1990, p. 240-271, p. 248-257).

mortos por uma águia (que, no próprio sonho, se identifica como Odisseu e diz serem os gansos mortos os pretendentes)[18] e depois propor a prova do arco (como modo de escolha do novo marido) para o dia seguinte, que coincide ser o dia do interlúnio (*lykabas*) e também o da festa de Apolo, tal como Odisseu-mendigo lhe anuncia veladamente um pouco antes.[19] Mas Graziosi indica bem o modo como – depois da matança dos pretendentes e da revelação explícita da identidade de Odisseu por ele mesmo já com sua aparência retomada após um banho de corpo inteiro – Penélope testará Odisseu, propondo falsamente que Euricleia faça a cama para ele fora do quarto (ver *Odisseia* 23, 177-204), pois esta cama é irremovível, já que foi feita pelo próprio Odisseu diretamente sobre o tronco de uma oliveira (como se a indicar também simbolicamente a estabilidade do casamento dos dois).

Mas nem as viagens de Odisseu nem a *Odisseia* terminam com a tão esperada e adiada consumação do ato amoroso do casal, pois Odisseu e Telêmaco ainda precisarão enfrentar o desejo de vingança dos parentes dos pretendentes mortos, no que (na ausência de tribunais) poderia verossimilmente levar a uma série de vendetas entre as famílias, mas acaba sendo resolvido por intervenções *ex machina* de Atena e de Zeus que, como bem indicou Graziosi, não são de todo convincentes,[20] assim como não o pode ser também este resumo do que já é um grande resumo da *Ilíada* e da *Odisseia*.

---

[18] O artigo mais perspicaz sobre este sonho continua a ser "*Odyssey* 19.535-550: On the Interpretation of Dreams and Signs in Homer" de Louise Pratt (*Classical Philology*, vol. 89, nº 2, 1994, p. 147-152).

[19] Barbara Graziosi cita em sua orientação bibliográfica um livro importante e com muitos bons insights que de algum modo admite este reconhecimento antecipado, *Archery at the Dark of the Moon* de Norman Austin (Berkeley: University of California Press, 1975), ao qual seria preciso hoje acrescentar aquele que é o mais inteligente e detalhado estudo do Canto 19 da *Odisseia*, *Eve of the Festival: Making Myth in Odyssey 19* de Olga Levaniouk (Cambridge, Mass.: Harvard University Press, 2011).

[20] Sobre esta intrigante questão caberia indicar aqui a monografia de Dorothea Wender, *The Last Scenes of the Odyssey* (*Mnemosyne*, Supplements 52, 1978) e o artigo "Vengeance et société en Grèce archaïque. À propos de la fin de *Odyssée*" de Jesper Svenbro (em Verdier, R. et Poly, J.-P. [eds.]. *La vengeance – Études d'éthnologie, d'histoire et de philosophie vol. 3*. Paris: Éditions Cujas, 1985, p. 47-63).

INTRODUÇÃO

Em 1353, Petrarca recebeu um manuscrito da *Ilíada* de um correspondente bizantino, e escreveu-lhe em agradecimento:

O seu Homero para mim é mudo. Ou melhor, sou surdo para ele. Ainda assim, eu me regozijo só de olhar para ele e, muitas vezes, quando o seguro nos braços, digo, suspirando: "Ó Grande Homem, com que ardor eu o ouviria!"

Com esse amor paradoxal por um autor que não podia ler, Petrarca deu início a um movimento intelectual de grandes proporções: a recuperação da literatura grega antiga moldou a Renascença, ou "renascimento" da Antiguidade, e essa declaração precoce de amor a Homero foi um de seus começos simbólicos.

Petrarca não se contentou em abraçar seu manuscrito homérico incompreensível, mas procurou um erudito que pudesse traduzi-lo, e, de quebra, ensinar-lhe grego. Também ajudou a persuadir os Patriarcas da Cidade de Florença a fundar a primeira cadeira de grego da Europa ocidental. Infelizmente, o homem escolhido para o posto, Leôncio Pilatos, revelou-se inoportuno. As cartas de Petrarca revelam algo da impressão que ele causou: "teimoso", "vaidoso", "volúvel", "malvestido". No quesito indicações acadêmicas desastrosas, a de Leôncio Pilatos deve se classificar entre as piores da história – não obstante, a incorporação lenta do grego na Europa ocidental não foi só resultado da falta de educação ou do mau gosto para se vestir dele. Petrarca compartilhava com seus contemporâneos italianos uma atitude de desconfiança e superioridade em relação à cultura bizantina que não favorecia a aquisição da língua. Ele estava mais interessado em entrar diretamente em contato com Homero do que em aprender as complexidades da gramática grega.

Hoje, os poemas de Homero são de fácil acesso. Uma lista de traduções, publicada em 2003, estende-se por centenas de páginas e inclui todas as principais línguas modernas, assim como esperanto e vários dialetos e formas de patoá. Existem também incontáveis gramáticas, comentários, dicionários, enciclopédias, monografias, artigos e recursos digitais que facilitam enormemente o acesso à *Ilíada* e à *Odisseia* no original grego. Por fim, o que também é importante, há muitos professores excelentes. Ainda assim as pessoas hoje muitas vezes se encontram numa posição parecida com a de Petrarca: acreditam que Homero é um grande poeta, mas não leram nada da poesia atribuída a ele. A épica homérica ainda chega a nós principalmente através de ecos e refrações em outros poemas, romances, peças de teatro e obras de arte – assim como através do mito ubíquo sobre o autor, já que todo mundo sabe que existe uma questão quanto à identidade e até quanto à existência do próprio Homero.

Dada a situação, este livro tem dois objetivos principais. O primeiro é facilitar a compreensão da *Ilíada* e da *Odisseia* fornecendo um guia sucinto e atualizado para as principais questões literárias, históricas, culturais e arqueológicas no coração dos estudos homéricos. O segundo é mostrar, através de exemplos concretos, como os leitores de Homero juntam-se a uma comunidade vasta e diversa de outros leitores e, na verdade, não leitores (como Petrarca).

Os poemas homéricos são objeto de estudo há mais de dois milênios e meio. Sabemos, por exemplo, que rapazes atenienses eram obrigados a aprender os poemas e explicar palavras homéricas difíceis no século V a.C. Na biblioteca de Alexandria, nos séculos II e III a.C., eruditos admiráveis compilaram textos mais antigos de Homero, editaram-nos e escreveram extensos comentários. Resumos das suas anotações (conhecidos como escólios) acabaram indo parar nas margens dos manuscritos bizantinos. De Bizâncio, os manuscritos foram para a Itália, como já veio à baila, e lá os poemas foram impressos e publicados pela primeira vez. A pesquisa atual sobre Homero, a que é apresentada neste livro inclusive, haure dessa longa história de erudição: os escólios, particularmente, continuam sendo uma fonte crucial para os estudos homéricos. Ainda assim, por mais admirável que seja essa tradição erudita, ela não explica completamente a importância de Homero através dos séculos.

Muitas pessoas que nunca estudaram, ou nem sequer leram, a *Ilíada* ou a *Odisseia*, contribuíram para garantir a sobrevivência e o sucesso desses dois poemas. Dante, por exemplo, não tinha acesso à épica grega antiga. Mesmo assim, descreveu um encontro com Homero no primeiro círculo do Inferno e inspirou Petrarca a buscar importar e ler uma cópia da *Ilíada*. Derek Walcott, cujo poema épico *Omeros* é uma das mais significativas interações contemporâneas com Homero, alegava nunca ter lido a *Ilíada* ou a *Odisseia*. O último capítulo deste livro enfoca um episódio chave – a descida de Odisseu ao Submundo – e mostra como poetas posteriores, de Dante a Walcott, viram essa descida como um meio de contatar o passado e conversar diretamente com Homero como com um poeta vivo.

PARTE I
O Poeta

1.
PROCURANDO HOMERO

As primeiras fontes remanescentes que mencionam Homero pelo nome datam do século VI a.c.: a partir delas podemos determinar que os gregos o consideravam um poeta excepcional e antigo – mas que não sabiam nada ao certo sobre ele. Até o nome "Homero" era controverso: a maioria dos autores parece simplesmente usá-lo, mas alguns insistiam que era só um apelido que significava "cego", ou "refém", e se referia a um episódio traumático da vida do poeta. (Os possíveis significados do nome Homero ainda geram discussão: não é um nome pessoal grego padrão, mas também não é obviamente inventado). O local de nascimento do poeta foi outro objeto de especulação na Antiguidade. As tradições mais antigas mencionavam lugares diferentes da Jônia – quer dizer, ocidente da Turquia e ilhas próximas – alegando que Homero era originário de Quios, Esmirna ou a eólia Cime. Alguns relatos também mencionam Atenas, Argos, Rodes e Salamina. Era sempre possível adicionar algo a esses sete locais tradicionais de nascimento de Homero: numa disputa sobre quem sabia mais, alguns eruditos gregos alegaram até que Homero era egípcio, ou um romano dos primórdios, sob o argumento de que as práticas heroicas que ele descrevia pareciam as de povos estrangeiros. Luciano, escrevendo no século II d.C., escarneceu dessa disputa, dizendo que ele próprio tinha viajado de verdade para a Ilha dos

Bem-aventurados, conhecido Homero em pessoa, e determinado de uma vez por todas que o poeta era originário da Babilônia.

Assim como não havia acordo sobre a vida de Homero, havia também dúvidas sobre quais poemas, exatamente, ele tinha composto. A autenticidade da *Ilíada* nunca foi questionada, mas a da *Odisseia* às vezes foi, e uma série de outros poemas épicos – que hoje sobrevivem apenas em fragmentos e sinopses da trama – foram algumas vezes atribuídos a ele, assim como vários *Hinos Homéricos* aos deuses. Em geral, parece que as definições da *oeuvre* de Homero tornaram-se cada vez mais restritas com o passar do tempo. No século VI e no início do século V a.C., os autores gregos tratavam Homero como autor de sagas épicas inteiras, em vez de apenas dois poemas específicos. Por exemplo, quando o dramaturgo Ésquilo (c. 525-456 a.C.) alegou que suas tragédias eram "fatias do banquete de Homero", ele devia ter em mente todo um ciclo de poemas relativos à Guerra de Troia, assim como um outro ciclo que tratava de Édipo, seus filhos, e a guerra que travaram por Tebas.

O historiador Heródoto (c. 484 -25 a.C.) atribuiu igualmente a Homero vários poemas sobre as guerras de Troia e de Tebas, mas começou a manifestar dúvida sobre a autenticidade de alguns: ele observou, por exemplo, uma contradição entre a *Ilíada* e as *Cíprias* (poema do ciclo sobre os estágios iniciais da Guerra de Troia) e sugeriu que, das duas, só a *Ilíada* era verdadeiramente homérica. À altura do século IV a.C., era aceito de maneira geral que Homero era o autor só da *Ilíada* e da *Odisseia*: Platão, por exemplo, tirou exclusivamente desses dois poemas quando citou o que "Homero" havia dito. Aristóteles, uma geração mais tarde, diferenciou esses dois poemas dos épicos do ciclo por razões estéticas: observou que a *Ilíada* e a *Odisseia* foram compostas de forma muito mais coesa do que outros poemas épicos anteriores, e que Homero "ou por técnica, ou por genialidade natural" fazia seus poemas girar em torno de uma única ação, em vez de apresentar uma variedade de episódios frouxamente conectados, como faziam os outros épicos.

Em suma, o conhecimento sobre o que Homero compôs não era simplesmente um fato herdado, mas tema de debate – mesmo na Antiguidade. Conforme as visões sobre poesia foram mudando, também as definições de "Homero" mudaram. O dramaturgo Ésquilo se importava de fato com teatro: via Homero como uma vasta tradição épica, da qual muitas peças poderiam ser extraídas. O historiador Heródoto estava preocupado com precisão factual: comparou diferentes poemas que em geral pensava-se serem homéricos, descobriu que as *Cíprias* contradizia a *Ilíada*, e passou a questionar sua autenticidade. O filósofo Aristóteles teorizou sobre enredo, técnica e talento: a *Ilíada* e a *Odisseia* eram poemas monumentais organizados em torno de uma estrutura coesa e meticulosamente concebida, observou, e reiterou serem obra de um poeta excepcional.

Figura 1. Cópia romana de um retrato helenístico de Homero (c. 150 a.C.). Vários outros retratos antigos sobrevivem, atestando a popularidade de Homero como tema de representação visual.

Ainda assim, mesmo depois de Aristóteles se pronunciar sobre Homero, restaram questões sobre o que exatamente ele havia composto. Nos séculos III e II a.C., eruditos da biblioteca de Alexandria aplicaram critérios ainda mais restritos a fim de estabelecer o que era verdadeiramente homérico. Analisaram em detalhe a dicção e a gramática da *Ilíada* e da *Odisseia*, e puseram um símbolo específico – um traço longo chamado obelo – ao lado de versos ou passagens de cuja autenticidade duvidavam. Também discutiram extensamente sobre o que Homero teria ou não composto, especulando sobre o seu "caráter" (*ēthos*) e "persona" (*prosōpon*). Artistas em atividade nesse período também estavam interessados em caráter, e tentaram retratar com realismo naturalista o rosto de Homero, com base no que se dizia sobre ele (ver Figura 1). Seus esforços não revelaram o verdadeiro autor da *Ilíada* e da *Odisseia*, é claro, mas atestam um interesse contínuo na aparência e na identidade dele – interesse que ainda está em evidência hoje (ver Figura 2). Como observou Plínio em sua *História Natural*, "o desejo gera a imagem de um rosto, mesmo que não tenha sido transmitida, como é o caso com Homero".

Figura 2. "Pintura fotograficamente realista de Homero" (2013). Esta obra, do artista sul-coreano C. J. Joongwon, viralizou na Internet, em parte porque alimenta a especulação sobre o que poderia significar alegar "realismo" no caso de Homero.

Dado que os gregos antigos não sabiam nada ao certo sobre Homero, é tentador descartar totalmente as suas opiniões e começar do zero com uma análise dos poemas atribuídos a ele e os contextos de sua recepção. De fato, no entanto, seria impossível recomeçar do zero. Herdamos dos gregos não apenas o nome de Homero – e vários retratos e lendas sobre ele – mas também o hábito de discutir a *Ilíada*, a *Odisseia*, e, na verdade, os ciclos épicos, em termos de seu(s) autor(es) presumido(s). Poemas épicos que foram transmitidos anonimamente não têm a mesma história de recepção ou interpretação.

Depois que Petrarca abordou Homero, outros estudiosos foram aprender grego, produzir traduções latinas, e interpretar os épicos. Acharam os poemas homéricos surpreendentes – especialmente em relação à fama e reputação de seu autor. O filósofo Giambattista Vico (1668-1744) foi o primeiro a argumentar que os épicos homéricos não poderiam ser criação de um grande poeta, mas derivavam da cultura coletiva, popular, dos gregos antigos. Ressaltava que eles eram muito "vis, rudes, cruéis, orgulhosos... insensatos, frívolos e levianos" para ser produto de um grande escritor, e acrescentou que as inconsistências de estilo e detalhe factual apontavam autoria coletiva.

Algumas décadas mais tarde, o erudito alemão Friedrich August Wolf (1759-1824) formulou rigorosamente a Questão Homérica com base nos escólios encontrados em um importante manuscrito bizantino, o *Venetus A*, então recentemente publicado. Ele concluiu que a épica homérica era produto de edição e revisão muito antigas baseadas em composições orais primitivas. Os *Prolegomena ad Homerum* (1795) de Wolf privilegiavam a história do texto em vez da identificação de um poeta original: Wolf admirava o trabalho dos estudiosos alexandrinos, tal como ficou preservado nos escólios, e achava que os filólogos modernos poderiam se sair ainda melhor. Seus *Prolegomena* definiam os estudos clássicos como uma disciplina moderna, e isso é compreensível, visto quão veementemente ele defendia a possibilidade de progresso filológico. Ainda assim, mesmo Wolf não conseguiu escapar dos termos antigos do debate sobre Homero. Assim satirizou Goethe o trabalho dele, em um dístico mordaz:

Der Wolfische Homer
Sieben Städte zankten sich drum, ihn geboren zu haben;
nun da der Wolf ihn zerriß, nehme sich jede ihr Stück.

O Homero de Wolf
Sete cidades discutiam, alegando havê-lo dado à luz;
agora que Wolf o destroçou, que cada uma tome a sua fatia.

Independente do trocadilho com o nome de Wolf[1] e a irreverência geral, Goethe lança dúvida sobre o feito de Wolf insinuando que sempre houve discussões sobre a identidade de Homero, e que uma pluralidade de autores sempre ameaçou emergir delas. Sendo ele mesmo poeta, Goethe defendia um enfoque na poesia homérica, em vez das controvérsias acadêmicas em torno dela – embora, na verdade, as duas não pudessem ser mantidas separadas. Como observou Nietzsche em sua palestra inaugural na Universidade de Basel, em 1869, "Homero como o poeta da *Ilíada* e da *Odisseia* não é um fato transmitido, histórico – mas, antes, um julgamento estético".

Os *Prolegomena* de Wolf inspiraram o trabalho de estudiosos posteriores chamados Analistas, que procuraram atribuir diferentes partes dos poemas homéricos a diferentes autores. Unitaristas reagiram reiterando a integridade artística dos poemas: tinham de ser obra de um poeta, argumentaram, mesmo que pouco se pudesse saber sobre ele, já que havia uma unidade clara de composição e intenção. De modos e roupagens diferentes, discussões semelhantes perduram. Até hoje, alguns classicistas veem a *Ilíada* e a *Odisseia* como obra de um só poeta excepcional, ou talvez dois, enquanto outros postulam um processo prolongado de composição e recomposição por recitação. Precisamente porque não há uma concordância geral sobre a Questão Homérica, os capítulos 2 e 3 apresentam as poucas provas que existem sobre a criação dos poemas. O capítulo 4 discute a voz do poeta como ela emerge dos poemas atribuídos a ele. Os capítulos 5 a 7 apresentam a *Ilíada*, enquanto os capítulos 8 a 10 são dedicados à *Odisseia*. No geral, a interpretação oferecida neste livro sugere que Nietzsche estava certo: discussões sobre a composição da *Ilíada* e da *Odisseia* estão entrelaçadas com julgamentos sobre a sua beleza.

---
[1] "Lobo" em alemão (N. do T.).

2.
PISTAS TEXTUAIS

Para os ouvidos modernos, a *Ilíada* e a *Odisseia* soam estranhamente repetitivas: Aquiles é sempre "de pés velozes", apesar de que, na maior parte da *Ilíada*, ele se recusa a se mover. A Aurora é invariavelmente "de dedos róseos", e o mar "cor de vinho": não há registro de variações de tom ou atmosfera. O que fazer com essas frases prontas, e o que elas podem nos dizer sobre como os poemas foram compostos? As fórmulas homéricas, como são chamadas essas frases, são evidências importantes na Questão Homérica. A descoberta decisiva no que diz respeito à sua função foi feita nos anos 1930, quando um estudioso americano jovem e ousado, Milman Parry, saiu em busca de registrar os épicos orais recitados na então Iugoslávia. Junto com o colega Albert Lord, passou muitos dias e noites em cafés bósnios, ouvindo cantores épicos analfabetos, e gravando as suas apresentações (ver Figura 3). Por meio do estudo sistemático das técnicas, Parry demonstrou que eles contavam com um complexo sistema de fórmulas que os ajudava a descrever personagens, lugares, ações e situações com um ritmo épico específico – sem demorar muito pensando em composição de frases ao longo da declamação. Ele também conseguiu mostrar que as mesmas técnicas eram usadas na composição da épica homérica.

Figura 3. Nikola Vujnović, assistente de Milman Parry, à esquerda, junto com o cantor Salih Ugljaninć (1933): as apresentações deles, assim como de outros cantores iugoslavos, foram cruciais na reconstrução das técnicas usadas para compor a épica homérica.

Na tradição grega, cada verso épico é formado por uma sequência de seis unidades, e, por isso, é chamado de "hexâmetro", literalmente "seis medidas". Cada pé (exceto o último, mais curto) contém uma sílaba longa (representada por um traço —) e duas sílabas curtas (∪ ∪), que podem ser substituídas por uma segunda longa. Parry mostrou que, se um cantor épico quisesse dizer Aquiles, ele podia escolher entre diferentes fórmulas, cada uma delas estruturada de modo a ocupar um número diferente de pés no verso. Dependendo da extensão que precisasse ocupar, podia dizer "Aquiles", ou "luminoso Aquiles", ou "Aquiles de pés velozes", ou "luminoso Aquiles de pés velozes", e, com isso, chegar ao fim do verso. Depois respirava, organizava as ideias e embarcava no próximo verso do poema. Este era o sistema formular para Aquiles quando era sujeito de uma sentença:

– ∪ ∪ | – ∪ ∪ | – ∪ ∪ | –∪ ∪ | – ∪ ∪ | – ∪
– ∪ ∪ | – ∪ ∪ | – ∪ ∪ | –∪ ∪ | *dios Achilleus*
luminoso Aquiles
– ∪ ∪ | – ∪ ∪ | – ∪ ∪ | – *podas okys Achilleus*
Aquiles de pés velozes
– ∪ ∪ | – ∪ ∪ | – ∪ *podarkes dios Achilleus*
luminoso Aquiles de pés velozes

Os cantores escolhiam uma fórmula não porque Aquiles era, na situação específica descrita, luminoso, e não de pés velozes, mas porque precisavam de uma fórmula com uma configuração métrica específica. Parry demonstrou o princípio da "economia formular" tanto para a épica homérica como para a iugoslava: em ambas as tradições tendia a haver uma fórmula que atendia a uma necessidade métrica específica. Se um cantor grego antigo tivesse dois pés a preencher, ele sempre dizia "luminoso Aquiles" – não havia nenhuma outra fórmula daquele comprimento disponível. Parry apresentou muitas análises detalhadas de sistemas formulares, mostrando como expressões diferentes se desenvolveram em casos gramaticais diferentes e cobriram números variáveis de sílabas. Ele defendeu que esses sistemas foram aperfeiçoados ao longo de gerações, e forneceram um meio para compor épica de forma rápida e segura, ao vivo diante das plateias.

Milman Parry morreu jovem, e é uma enorme pena que nunca venhamos a saber que outras descobertas poderia ter feito se pudesse ter continuado sua pesquisa. Felizmente, seu amigo e colega Albert Lord levou adiante a abordagem comparativa de Parry, argumentando que os cantores épicos também faziam uso de estruturas pré-fabricadas maiores que ele chamou de "temas", seguindo a própria terminologia de Parry, mas que hoje são com mais frequência chamadas de "cenas típicas", que é como Walter Arend (outro estudioso importante dos anos 1930) as chamava.

Quando cantores épicos precisavam descrever episódios de luta, festa, navegação, ou praticamente qualquer outra coisa, seguiam padrões pré-estabelecidos, que podiam então encurtar, expandir e adaptar, dependendo das necessidades imediatas da história que estavam cantando e da plateia que precisavam agradar. Assim, por exemplo, uma cena de combate entre dois guerreiros geralmente começava com uma descrição de cada combatente – incluindo informações sobre suas origens e, às vezes, um símile – seguida de uma troca de ameaças e do primeiro ataque. Ou, quando um guerreiro estava prestes a ser morto pelo adversário, ele às vezes se engajava em um ato final de súplica – um ritual que aparecia também em contextos não-marciais e era bem codificado na épica. A estrutura básica de cenas de súplica tinha três partes: primeiro o suplicante se aproximava, depois tocava os joelhos e o queixo da pessoa a quem implorava, e discursava fazendo um pedido e oferecendo uma compensação. Descrições de cenas típicas, como as que acabei de dar, muitas vezes soam rígidas, mas a sua realização na épica é flexível e sofisticada, como logo transparece ao se olhar para os exemplos. Não há, de fato, nenhum padrão convencional do qual exemplos individuais se desviem, mas apenas variações flexíveis de estruturas genéricas. Cantores épicos teriam ensinado os blocos construtivos de sua arte uns aos outros, mas a experiência que temos como plateia e como leitores é de contos épicos nuançados.

Parry e Lord não provaram que a *Ilíada* e a *Odisseia* eram "poemas orais" (afinal, o que temos são textos escritos), mas demonstraram que a épica homérica derivava de uma tradição longa e sofisticada de composição oral, e recomposição, na recitação. Qual foi o papel da tecnologia da escrita, se é que ela teve algum, permanece uma questão em aberto. De sua parte, Lord acreditava que a *Ilíada* e a *Odisseia* foram compostas bem no momento da transição da oralidade para a escrita – quando um poeta épico excepcional, ainda totalmente versado em técnicas orais, percebeu o potencial da escrita, e ditou a *Ilíada* para um escriba. Em resumo, ele imaginou que Homero operava mais ou menos do mesmo modo que os cantores gravados por ele e Parry. Uma correspondência exata deste tipo parece, no entanto, pouco provável. Em geral, o problema com o uso de argumentos comparativos, ao lidar com a Questão Homérica, é decidir até onde forçar a comparação. Os cantores iugoslavos estavam reagindo a estudiosos seguros de si, educados em Harvard, com equipamento de gravação de última geração, estudiosos decididos a resolver uma questão histórica. Foi dito a eles que cantassem para fins de gravação e transcrição, e, além disso, foi pedido que compusessem épicos longos, a fim de se conformar ao protótipo homérico. As condições na Grécia antiga devem ter sido muito diferentes.

É verdade que o alfabeto grego se desenvolveu mais ou menos na mesma época em que a *Ilíada* e a *Odisseia* tomaram forma (ver capítulo 3), mas seria de se espantar que alguém na época tivesse uma visão tão clara da importância dessa tecnologia para a história literária como Parry e Lord tinham. Então, ao que parece, é melhor admitir que sabemos muito pouco sobre como a *Ilíada* e a *Odisseia* foram compostas, e que provavelmente elas são resultado de processos complicados envolvendo tanto oralidade como escrita que não podemos mais reconstruir com detalhes.

O que sabemos mesmo é que as técnicas de composição oral moldaram de forma fundamental a épica homérica. Por isso, precisamos compreender como as técnicas orais funcionavam – não apenas a fim de reconstruir como os poemas foram compostos, mas também para interpretá-los. O próprio Parry era pessimista quanto à contribuição de seus achados para a apreciação estética da épica homérica. Ele defendia a tese de que as fórmulas não tinham nenhum significado especial em relação ao contexto em que eram usadas, que a plateia era "indiferente" a elas, e que talvez fosse melhor deixá-las sem traduzir. Resumindo, ele as tratava como ferramentas de composição – blocos épicos de linguagem que ajudavam os cantores a recitar seguindo o ritmo do hexâmetro, mas que não tinham nenhuma função poética além dessa. Hoje, isso parece muito reducionista. As fórmulas não são equivalentes a um interlúdio instrumental, digamos, ou a um vocalise, ou alguma outra forma de "preenchimento" métrico:

são palavras, e afetam a plateia através de seu significado, assim como através de suas características rítmicas.

Muitas fórmulas são discretas. Personagens são muitas vezes chamados de "luminosos", por exemplo, e várias outras expressões convencionais transmitem um sentido de brilho. Elas têm o efeito de um resplendor ou polimento geral, que faz o mundo épico cintilar. Outras fórmulas definem personagens individuais. Só Aquiles, por exemplo, é chamado "de pés velozes" – e isso nos diz como se espera que ele seja e se comporte, corresponda ele ou não a essa expectativa. As histórias mais importantes sobre ele estão ligadas à velocidade de seus pés: no fim da *Ilíada*, por exemplo, ele persegue Heitor até a morte, em um dos episódios mais memoráveis de todo o poema (ver capítulo 7). Às vezes, a fórmula "Aquiles de pés velozes" se encaixa no contexto em que é usada, mas com mais frequência cria uma discrepância entre a forma como Aquiles é descrito e o que ele calha de estar fazendo: afinal, na maior parte da *Ilíada*, o Aquiles de pés velozes se recusa a mover-se. As formulações tradicionais da épica ajudam a chamar a atenção para como as coisas deveriam ser, e dão a medida da distância de como elas realmente são. Por exemplo, quando Aquiles se recusa a entrar na batalha e perseguir o inimigo, sabemos que a história enveredou por um mau caminho, e que ele está deixando de corresponder à própria fórmula que o descreve.

Um dos modos pelos quais a *Ilíada* se destaca como poema de uma visão excepcional é que ela inclui uma reflexão sobre o significado de sua própria linguagem formular. Assim, por exemplo, quando Aquiles finalmente se levanta e corre (em direção a Apolo, disfarçado de mortal), o deus o faz lembrar-se de que há limitações até mesmo para a velocidade dos pés:

> "Filho de Peleu, por que me persegue com pés velozes,
> você um mortal e eu um deus imortal? Você nem
> me reconheceu como deus, tal a sua fúria incessante.
> ..."

Então, Aquiles de pés velozes, profundamente enfurecido,
[dirigiu-se a ele:
"Você me frustrou, Longe-atirador, o mais mortal dos deuses
...
mas eu faria você pagar por isso, tivesse eu esse poder".

O autor elabora sobre a fórmula definidora de Aquiles, e chama a atenção para suas limitações humanas: a impotência, a fúria fútil, e a morte iminente de Aquiles estão todas capturadas nessa breve interação entre o herói de pés velozes e o deus Apolo, que é mais rápido do que ele.

Há, certamente, formas mais irreverentes com que as fórmulas e as cenas típicas são exploradas na épica homérica. No Canto 6 da *Odisseia*, por exemplo, somos confrontados com uma situação sem precedentes, que nenhuma "cena típica" tradicional pode captar. Odisseu acaba de sofrer um naufrágio, e agora está dormindo, nu e exausto, sob uns arbustos numa terra desconhecida. Uma princesa local, Nausícaa, acabou de terminar de lavar roupa ali perto, e agora está jogando bola com suas servas. Quando a bola cai na água, as garotas gritam, e Odisseu acorda. Ele logo percebe que precisa se aproximar das garotas e pedir-lhes ajuda – na verdade, que a vida dele depende da boa vontade delas, visto quão cansado e faminto ele está. O problema é que, no estado em que estava, era pouco provável que causasse uma boa impressão. O poeta engenhosamente adapta a estrutura da batalha na *Ilíada* a fim de descrever o apuro de Odisseu. Primeiro, nosso herói ajeita uma (mais ou menos) armadura; depois, sai para encarar as garotas, parecendo um leão em fúria, e, finalmente, faz um discurso à sua oponente, a princesa Nausícaa:

O glorioso Odisseu saiu de baixo da moita;
com sua mão musculosa quebrou um galho do denso
matagal, um folhudo, para segurar diante do corpo e ocultar
[suas partes íntimas masculinas.

Ele partiu como um leão alimentado na montanha, confiante em sua
força, fustigado pela chuva e pelo vento enquanto avança, e
os olhos dele estão em chama; caça gado ou ovelhas, ou
veados na natureza, sua barriga o leva a fazer um
ataque contra um redil compacto e ali perseguir as ovelhas.
Bem assim Odisseu enfrentou a companhia de garotas
                                            [de lindos cabelos,
nu como estava, porque a necessidade assim determinou.
E uma visão assustadora ele apresentou a elas, desfigurado pela
salmoura, e elas fugiram aterrorizadas, para lá e para cá
                                            [por todo lado na praia.
Só a filha de Alcínoo permaneceu imóvel, pois Atena
tinha colocado ousadia em seu coração e removido o medo de
                                            [seus membros.
Assim ela permaneceu, defendendo seu território diante dele;
                                            [e Odisseu
deliberou se deveria agarrar a moça adorável pelos
joelhos e implorar, ou se deveria manter-se à distância, bem
onde estava, e convencê-la com palavras suaves a dar-lhe
roupas e encaminhá-lo para a cidade.

Odisseu avança, "confiante em sua força", uma imagem típica do campo de batalha homérico. Nausícaa, por sua vez, prepara-se para "defender seu território", contando com a "coragem" que Atena lhe inspira. Esses toques marciais exprimem alguns aspectos da situação: como um guerreiro da *Ilíada*, Odisseu corre perigo mortal e precisa se colocar em vantagem nesse encontro, se quiser viver. Mas há outros modos pelos quais a linguagem tradicional do campo de batalha é incongruente, e até cômica: Odisseu, o grande guerreiro, agora está pronto para "enfrentar as garotas de lindos cabelos", precariamente coberto por um "galho folhudo".

Odissseu precisa de algum modo convencer a jovem Nausícaa de que ela não tem nada a temer, e é difícil fazer isso parecendo um leão voraz (ver Figura 4). A fuga dramática das outras garotas levanta a possibilidade de fracasso para Odisseu, e leva-o a considerar a súplica como último recurso. Na *Ilíada*, guerreiros derrotados suplicam a seus oponentes numa posição de absoluta fraqueza. Aqui, Odisseu pensa em suplicar a Nausícaa porque, pelo contrário, ele parece forte – e então cogita se tocar os joelhos dela não poderia exacerbar ainda mais o problema. No fim, ele decide adaptar a cena tradicional de súplica para os seus propósitos: fala como suplicante, mas mantém a distância. Assim como Odisseu, o poeta da *Odisseia* sabe como usar padrões tradicionais para servir ao seu objetivo: ele descreve um mundo pós-iliádico, em que a sobrevivência depende de ser adaptável – e adapta fórmulas tradicionais do campo de batalha para sua nova história.

Figura 4. Taça ateniense retratando Odisseu e Nausícaa, século V a.C. O outro lado da taça retrata o encontro entre Édipo e a Esfinge – outra situação em que um herói precisa usar sua astúcia para dirigir-se a um interlocutor feminino.

Fórmulas épicas e cenas típicas não resolvem todos os aspectos da Questão Homérica, mas, por formarem o idioma da épica homérica, precisam ser entendidas a fim de se interpretar a *Ilíada* e a *Odisseia*. Elas também são cruciais para a compreensão da linguagem incomum em que os poemas foram compostos. O grego homérico é uma mistura artificial e extraordinariamente rica de vários dialetos diferentes: ele nunca foi falado por nenhuma comunidade na vida real, mas desenvolveu-se a fim de cantar os feitos de deuses e homens no ritmo do hexâmetro. A coloração predominante é jônica, mas há também um forte componente eólico. Os linguistas identificam, ainda, outras influências, incluindo vários elementos áticos, apesar de que estes dizem respeito principalmente à ortografia, e, assim sendo, atestam a influência de um texto escrito ateniense, e não uma contribuição ateniense precoce à dicção épica. Estudantes que leem os poemas em grego pela primeira vez ficam muitas vezes perplexos com o número de formas com que uma coisa simples, como "era" ou "ser", pode ser expressa, e essa era também a reação na Antiguidade, quando estudiosos alegavam que Homero sabia "todos os dialetos". Algumas formas parecem ser relativamente recentes, outras são muito antigas. Pode até haver vestígios de grego micênico, que era falado no segundo milênio a.C. Todas essas formas parecem, no conjunto, servir a um propósito familiar: fornecem alternativas metricamente úteis para compor poesia no ritmo do hexâmetro. Quer dizer: elas existem como parte de um sistema formular bem desenvolvido.

O grego homérico confirma a existência de uma longa tradição de composição épica durante a execução, mas também oferece pistas mais específicas sobre onde e quando os poemas homéricos tomaram forma. A coloração jônica dominante e inegáveis traços eólicos apontam precisamente para a área em que, segundo a antiga lenda, Homero supostamente viveu – a costa ocidental da Turquia e ilhas gregas vizinhas. Outros pequenos detalhes dos poemas parecem confirmar isso: por exemplo, em um símile discreto, o poeta menciona um rio específico da parte ocidental da Turquia, como se esperasse que sua plateia estivesse familiarizada com os grandes bandos de pássaros variados que se juntavam nas suas margens. O conhecimento de outras regiões da Grécia parece mais nebuloso, como eu defendo no capítulo 3.

A análise linguística também ajuda a datar a *Ilíada* e a *Odisseia*, pelo menos em relação a outros poemas que foram atribuídos a Homero na Antiguidade. Ao que parece esses dois épicos não só eram os mais longos e admirados, mas, em termos linguísticos, também os mais antigos. Outros poemas mostram uma incidência maior de formas recentes, sugerindo que foram compostos mais tarde, ou permaneceram em um estado fluido que permitiu mudança linguística e inovação por mais tempo do que a *Ilíada* e a *Odisseia*. O problema com argumentos baseados na língua, no entanto, é que eles não fornecem datas absolutas. Podemos reconstruir uma sequência de mudanças linguísticas (isto é, quais formas são mais antigas, quais mais novas, e, daí, quais poemas soam mais arcaicos), mas não quando essas mudanças ocorreram. A fim de investigar quando a *Ilíada* e a *Odisseia* foram compostas em termos absolutos, é preciso, portanto, considerar evidências arqueológicas.

3.
PISTAS MATERIAIS

O pai da arqueologia homérica era uma figura excêntrica, com laços tênues com a comunidade acadêmica. Numa época em que analistas profissionais estavam dissecando os poemas homéricos em busca de identificar diferentes autores e camadas de composição, Heinrich Schliemann (1822-90) resolveu provar a realidade histórica de Troia. Filho de um pastor protestante, Schliemann tinha estudado um pouco de letras clássicas no início da juventude, mas, quando seu pai foi pego desviando fundos da igreja, precisou abandonar a educação formal e ganhar a vida – como aprendiz de quitandeiro, camareiro, guarda-livros, e agente de importação e exportação na Rússia. Foi nessa última função que começou a acumular o que acabaria vindo a ser um capital bastante considerável.

Depois de se juntar à corrida do ouro na Califórnia por alguns meses (até um agente de Rothschild reclamar de remessas abaixo do peso), e operar contratos militares na Guerra da Crimeia, ele finalmente estava em posição de se dedicar a uma ambição que, como mais tarde afirmou, tinha alimentado desde a infância: descobrir a antiga Troia, e provar que era uma cidade real. Surpreendentemente, foi exatamente isso que conseguiu fazer: escavou no sítio da atual Hisarlik, na Turquia, e descobriu uma cidadela fortificada impressionante. Cavoucou diversas camadas arqueológicas diferentes, até chegar ao fundo, e descobriu um tesouro. Uma foto de sua jovem esposa grega vestindo joias antigas tornou-se o símbolo da expedição, e empolgou o público (ver Figura 5).

A reação dos classicistas profissionais foi visivelmente mais fria. Ulrich von Wilamowitz-Moellendorff, o filologista mais influente da sua época, deu seu veredito em 1906:

> Heinrich Schliemann remexeu o terreno da cidade grega de Ílio, sem o fardo de qualquer erudição linguística ou histórica, movido pela crença ingênua de que qualquer coisa que esteja em Homero deve ser verdadeira... É compreensível que o mundo tenha aplaudido suas descobertas, e desculpável, ao menos, que as massas, que não compreendem a erudição histórica, tenham considerado os tesouros verdadeiros como prova da realidade do relato homérico... Não se invectiva contra esse tipo de coisa; mas também não se leva a sério.

Schliemann dizia que descobrir Troia era sua ambição da infância – e Wilamowitz propôs tratar seu trabalho exatamente como brincadeira de criança. Na verdade, Schliemann deu uma contribuição decisiva para os estudos homéricos, apesar de o relacionamento entre poesia e arqueologia ser mais complexo do que ele gostava de admitir.

As ruínas de Hisarlik, junto com escavações adicionais em Micenas e Tirinto, na Grécia continental (também conduzidas por Schliemann), provam que civilizações admiráveis floresceram no segundo milênio a.C. – e em alguns dos mesmos lugares que aparecem proeminentemente na épica homérica. Tabuinhas de Linear B encontradas em Micenas, Pilos, e outros sítios do segundo milênio provam, além disso, que a tecnologia da escrita era conhecida nesse período. No século XII a.C., essa civilização micênica de repente entrou em colapso (por motivos ainda não esclarecidos), e seguiu-se um longo período de declínio, geralmente conhecido como "Idade das Trevas" grega. Foi só no século VIII a.C. que os povos que viviam na Grécia começaram a prosperar novamente: os dois séculos seguintes viram um aumento acentuado da população, a ascensão da cidade-estado (*polis*), a construção dos primeiros templos e estátuas de culto dos deuses, uma arrancada nas viagens e no comércio, a fundação de novas colônias, e a reintrodução da escrita do Levante (o conhecimento do Linear B perdeu-se durante a Idade das Trevas).

Figura 5. Sophia Schliemann vestindo os tesouros descobertos pelo marido no sítio arqueológico da antiga Troia, c. 1874.

A questão é onde a poesia homérica fica em relação a esses acontecimentos históricos importantes. Quando Michael Ventris e John Chadwick decifraram o Linear B nos anos 1950, os classicistas esperavam recuperar versões precoces da poesia homérica – ou ao menos histórias de deuses e homens expressas no ritmo do hexâmetro. No entanto, as tabuinhas micênicos não forneceram nada desse tipo. Pelas evidências do que sobrevive, ao que parece, o Linear B era usado exclusivamente para registrar listas e inventários. Ainda assim, mesmo esses documentos burocráticos da Idade do Bronze talvez sugiram, sim, algumas conexões com a épica homérica. Tabuinhas de Pilos mostram, por exemplo, que o culto a Posídon era especialmente importante ali, e a *Odisseia* dá a mesma impressão.

Apesar de traços de linguagem e cultura micênicas poderem, talvez, ser detectados, a *Ilíada* e a *Odisseia* foram certamente compostas depois da Idade das Trevas. Elas fazem referência a condições materiais não encontradas antes do fim do século VIII a.C. ou início do século VII a.C., como templos e estátuas de culto, arte narrativa, e conhecimento do mundo desde a Trácia até a Fenícia e o Egito. Isso dá um *terminus post quem*: os poemas não podem ter sido compostos muito antes de 700 a.C. O que complica o panorama é que eles se passam numa época muito anterior.

Mesmo do ponto de vista das primeiras plateias homéricas, a Guerra de Troia pertencia a um passado remoto, e os heróis que lutaram lá pareciam ser, de certo modo, uma raça totalmente à parte: mais forte, mais próxima dos deuses, mas também, sob alguns aspectos, mais primitiva, dada a emoções extremas, e com falta de coesão social. As comunidades gregas do período arcaico adoravam os heróis, faziam sacrifícios em seus túmulos e esperavam sua ajuda e proteção. De fato, o culto aos heróis e a poesia épica se desenvolveram em paralelo nos séculos VIII e VII a.C.: adoração em magníficos locais de sepultura antigos caminharam junto com um florescimento de histórias sobre aqueles que combateram em Troia.

Na *Ilíada*, ficamos sabendo que os heróis podiam facilmente lançar pedras "que nem dois homens, tal como são hoje em dia, poderiam levantar". A dieta deles (tópico que fascinava estudiosos homéricos antigos) também os diferenciava: os heróis pareciam se alimentar quase exclusivamente de carne, enquanto a dieta das comunidades gregas da vida real consistia principalmente em leguminosas, frutas e vegetais. A agricultura fornecia o que as pessoas consumiam no dia a dia; carne vermelha era consumida basicamente em festas religiosas, quando animais grandes eram sacrificados e imediatamente consumidos, antes que a comida pudesse estragar. Resumindo, os heróis comiam todo dia o que as plateias homéricas saboreavam apenas em ocasiões rituais.

Os símiles homéricos também expressam diferenças sutis entre o mundo dos heróis e aquele familiar para o poeta e suas plateias. Assim, por exemplo, Ájax retira-se lentamente e de má vontade do campo de batalha, como um jumento expulso de um milharal por crianças; Atena desvia uma flecha que está prestes a atingir Menelau "como uma mão que espanta uma mosca do seu bebê dormindo"; e Odisseu veste uma túnica cujo material é tão fino e brilhante quanto uma casca de cebola. O mundo dos símiles muitas vezes parece mais modesto do que o descrito na narrativa principal – mas também tecnologicamente mais avançado.

Figura 6. Os Muros de Troia, c. 1200 a.C. No tempo em que a *Ilíada* foi composta, c. 700 a.C., essas ruínas admiráveis falavam de uma idade mais antiga e grandiosa.

A pesca é um exemplo disso, só para se manter no assunto dieta. Na *Ilíada*, ninguém come peixe, na *Odisseia* é consumido apenas uma vez – como último recurso a fim de evitar a fome. Vários símiles, no entanto, revelam não só que a pesca era uma atividade rotineira no mundo do poeta, como também envolvia destreza e uma tecnologia sofisticada. Na verdade, os símiles muitas vezes descrevem questões técnicas: como um telhado é feito com vigas entrelaçadas, como prata é coberta com ouro, como um bocal de marfim é manchado com púrpura. As comparações feitas nos poemas revelam um grande interesse na habilidade de homens e mulheres comuns. Os heróis, ao contrário, muitas vezes parecem forças da natureza, e animais selvagens – leões e javalis que ameaçam a agricultura humana organizada, por exemplo.

Há, assim, uma percepção de que os heróis são mais fortes do que pessoas comuns, mas também que não teriam a paciência ou a paz necessárias para se dedicar às muitas atividades técnicas retratadas nos símiles com uma admiração palpável.

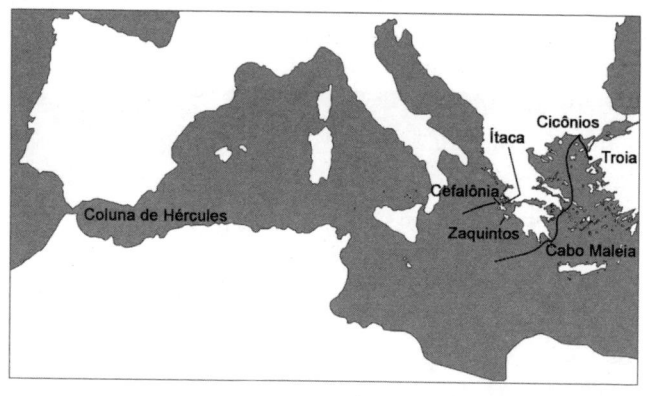

Figura 7. Mapa da jornada de Odisseu. Depois de circundar o cabo Maleia, a viagem de Odisseu não pode mais ser seguida em um mapa. Leitores, no entanto, sempre estiveram dispostos a estabelecer o itinerário exato. Os romanos diziam que ele tinha viajado até a Itália. Dante, mais tarde, contou a história de como, numa segunda viagem final, ele navegou pelo meio das *Colunas de Hércules* (ver capítulo 10).

Algumas passagens homéricas comentam explicitamente como as coisas mudaram desde o tempo em que os heróis lutaram em Troia. No começo do Canto 12 da *Ilíada*, por exemplo, o poeta frisa que não resta nenhum vestígio de um muro que os "aqueus" (i.e., o contingente grego) construíram em volta de seu acampamento. Nessa passagem, ele até chama os guerreiros que morreram em Troia de "uma raça de homens semideuses", chamando a atenção para a condição sobre-humana deles. Mais tarde, na *Ilíada*, há uma breve alusão ao culto ao herói que aguarda Sarpédon, filho mortal de Zeus, uma vez morto e enterrado na Lícia. Há outras alusões vagas ao culto a heróis nos poemas, mas elas são raras – e isso parece surpreendente de início, visto o quanto o culto ao herói era importante na Grécia arcaica. Ao que parece, a épica homérica, em vez de enfatizar as grandes honras póstumas concedidas aos heróis, dramatiza o quanto eles achavam difícil a perspectiva de morrer.

As ruínas representavam a conexão mais tangível entre o mundo dos heróis e aquele das plateias homéricas. Fortificações admiráveis em Troia, Micenas e outros sítios do segundo milênio podiam facilmente ser vistas nos séculos VIII e VII a.C., e atestavam uma era mais grandiosa, uma civilização passada em que homens eram, de fato, capazes de manejar pedras enormes. Não pode ser coincidência que Troia, em particular, estivesse situada muito perto de locais tradicionalmente associados ao nascimento de Homero, e onde sabemos que a dicção épica se desenvolveu: as ruínas de lá devem ter inspirado a poesia grandiosa (ver Figura 6).

A *Ilíada* e a *Odisseia* descrevem um passado mítico distante – até do ponto de vista das plateias iniciais – mas têm lugar numa paisagem real e reconhecível. Isso não significa que todos os lugares homéricos podem ser localizados com segurança em um mapa. Uma porção da viagem de Odisseu para casa, de cujo curso ele é desviado no cabo Maleia até acordar em Ítaca, não pode ser facilmente traçada (ver Figura 7), apesar de muitos leitores antigos e modernos terem tentado fazê-lo. Os romanos, em particular, garantiam que ele tinha chegado à Sicília e à Itália continental. Não é coincidência que, exatamente durante essa parte da viagem, Odisseu encontra os personagens mais improváveis: o deus Éolo no seu castelo cheio de ventos; o gigante Polifemo de um olho só, a perigosa Circe, que transforma seus companheiros em porcos, as sombras dos mortos no nebuloso Submundo, as Sereias, Cila e Caríbdis, Calipso, e os feácios, que finalmente se oferecem para levá-lo para casa em um de seus barcos mágicos, que "direcionam um curso por inteligência própria e nunca sofrem naufrágio".

O caso de Ítaca é diferente: esse deveria ser claramente um lugar real, uma ilha na costa ocidental da Grécia, mas a descrição homérica não bate exatamente com a realidade em terra. Segundo Homero, Ítaca é "a mais distante das ilhas em direção ao oeste", a Ítaca moderna não é. Homero nomeia quatro ilhas (Samos, Ítaca, Dulíquio, Zacinto), um mapa moderno sugere três (Cefalônia, Ítaca, Zacinto). Estudiosos tentaram com afinco fazer a Ítaca homérica coincidir com a geografia real da área, sugerindo, por exemplo, que a ilha de Odisseu poderia ser a atual Cefalônia, em vez de Ítaca, chegando até a recorrer a terremotos de grande escala a fim de explicar as diferenças entre a descrição homérica e a paisagem local. Talvez, porém, seja mais razoável supor que os contornos exatos da Grécia ocidental fossem um pouco vagos na cabeça das plateias épicas antigas. Afinal de contas, como já foi dito, a poesia homérica originou-se na Jônia, centenas de milhas de distância a leste. Também fica claro que as necessidades da narrativa, e as formulações e reformulações da épica, moldaram em parte as paisagens homéricas (é possível, por exemplo, que um adjetivo tenha sido reinterpretado como o nome de um lugar, e outras evoluções desse tipo).

Considerações semelhantes a essas a respeito da paisagem homérica também se aplicam à sociedade homérica: nenhuma comunidade da vida real jamais viveu como as pessoas descritas na poesia épica. A *Ilíada* e a *Odisseia* revelam como os gregos do período arcaico imaginavam os grandes heróis do passado. Aqueles heróis eram muito mais fortes do que homens "tal como são hoje em dia", mas também mais briguentos e egoístas. Como a abertura da *Ilíada* deixa claro, quando Aquiles se desentende com Agamêmnon, líder da expedição contra Troia, por causa da posse de uma jovem escrava, ele decide provar seu valor infligindo agonias incontáveis aos aqueus – quer dizer, os guerreiros gregos de cujo lado supostamente ele deveria estar lutando. Odisseu não consegue salvar nenhum dos homens que lutaram sob seu comando em Troia, e quando finalmente chega em casa, parece decidido a dar início a uma guerra civil. Historiadores observam que no início do primeiro milênio a.C., a autoridade era difusa, e confrontos entre líderes deviam ser comuns. Também é verdade, no entanto, que as rápidas mudanças sociais e políticas do século VII – quando podemos rastrear comunidades em expansão, novos assentamentos, aumento do comércio e das viagens – fornecem um contexto apropriado para explorações poéticas sobre autoridade.

O ponto principal, aqui, é que nenhuma interpretação leva a uma plateia original, contexto histórico ou agenda política específica únicos em apoio dos quais os poemas homéricos devem ter sido compostos. Líderes falhos, como Agamêmnon, são sempre interessantes, assim como críticos da autoridade, como Aquiles. Quanto a Odisseu, o sobrevivente consumado, ele navega a mente humana há quase três milênios. Resumindo, a *Ilíada* e a *Odisseia* contam histórias de amplo apelo, e isso torna difícil determinar exatamente por que e para quem elas foram originalmente compostas.

Porque os poemas têm lugar em um passado distante, as descrições das performances épicas que se encontram neles não podem ser usadas como evidência direta de como os próprios poemas homéricos foram compostos e apresentados. A *Odisseia* retrata dois cantores profissionais: o aedo cego Demódoco, que entretém Odisseu na corte dos feácios, e Fêmio, que canta para o deleite dos pretendentes em Ítaca. O repertório deles está ligado aos eventos e temas explorados nas próprias *Ilíada* e *Odisseia*: Demódoco conta a história de uma discussão entre Aquiles e Odisseu, depois do caso de amor entre Ares e Afrodite, e, finalmente, (a pedido de Odisseu) do Cavalo de Troia, o grande embuste que o próprio Odisseu inventou, a fim de vencer a guerra. Fêmio canta sobre as viagens de retorno dos aqueus de Troia – um tópico que causa sofrimento a Penélope, porque seu próprio marido ainda está desaparecido, mas é aceitável para Telêmaco, porque, ele alega, "as pessoas valorizam as canções mais novas". Ao que parece, então, as recitações épicas na *Odisseia* são coisas improvisadas, cantadas durante o jantar. Elas provavelmente refletem as primeiras origens da épica (divertimento ocasional em reuniões aristocráticas), mas não oferecem pistas específicas sobre como ou por que os próprios poemas homéricos foram compostos.

A *Ilíada* se estende por mais de 15.0000 versos, e devia levar aproximadamente três dias inteiros (ou noites) para ser executada do começo ao fim. A *Odisseia* é quase igualmente longa. Esses épicos monumentais devem ter sido concebidos para serem recitados – certamente não contavam com pessoas que sempre valorizavam "a canção mais nova", porque o esforço demandado para compor, executar, e, na verdade, escutá-los não era justificável em termos de uma experiência isolada. Resumindo, os poemas demandavam empenho e organização. Alguma forma de suporte institucional deve ter sido necessária, a fim de estabelecer intervalos, garantir um suprimento adequado de comida, e providenciar outras comodidades durante um período longo de recitação.

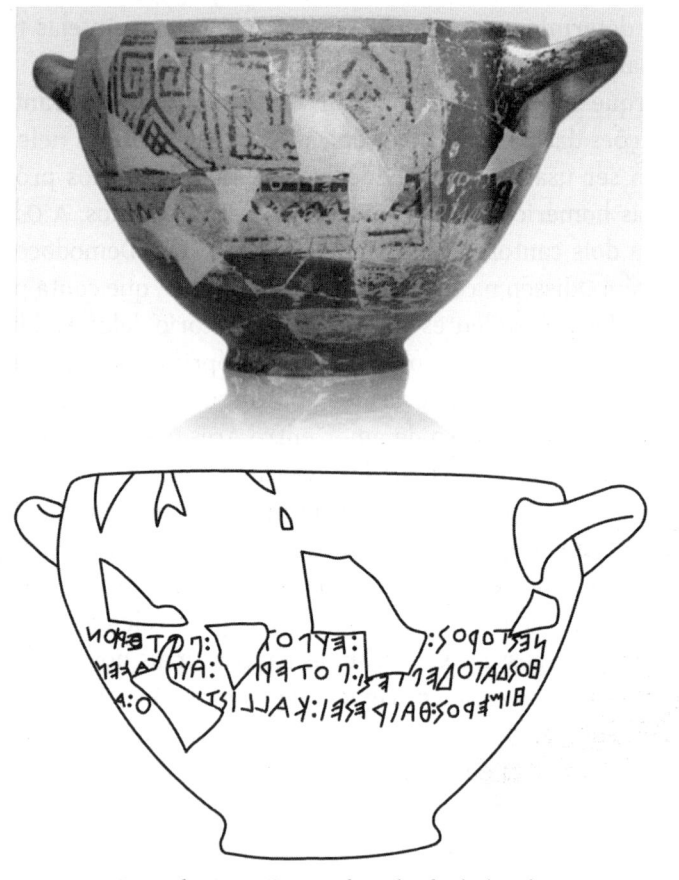

Figura 8. "Taça de Nestor" com o desenho das linhas da inscrição (c. 740-720 a.C.). Essa taça encontrada na ilha de Ísquia, perto de Nápoles, porta uma das inscrições mais antigas na escrita alfabética grega. O texto pode aludir à famosa taça de Nestor, que também aparece na *Ilíada*.

Assim como há diferenças entre as recitações ocasionais descritas na *Odisseia* e os épicos monumentais atribuídos a Homero, também a tecnologia da escrita deve ter aparecido com mais destaque na época em que os poemas foram compostos do que na época que pretendiam descrever. Há apenas uma referência à escrita, ou algo parecido com ela, na épica homérica. A *Ilíada* conta a história do belo Belerofonte, que rejeitou as investidas de uma mulher casada quando ela tentou seduzi-lo. Enraivecida e humilhada, a mulher então reclamou para o marido que Belerofonte tinha tentado fazer sexo com ela, e exigiu que ele fosse morto:

> ... a raiva tomou o seu senhor pelo que tinha ouvido,
> mas ele se conteve quanto a matar, pois sentiu assombro diante disso em seu coração; em vez disso, mandou Belerofonte para a Lícia, e deu a ele sinais mortais, muitas coisas destruidoras da vida, marcadas por ele numa tabuinha, e disse a ele que as mostrasse ao seu anfitrião na Lícia, garantindo assim sua morte.

O que quer que fossem esses sinais (talvez um escrito, talvez um código *ad hoc*, ou algum tipo de desenho), não tinham nada de bom. Belerofonte conseguiu escapar de ser morto na Lícia, mas a tentativa de assassinato por escrito não representava um comportamento heroico adequado. Na *Ilíada*, a escrita é apresentada como um truque enganoso, mas as ideias sobre o que era apropriado na idade heroica não se aplicam necessariamente à época em que os poemas tomaram forma.

A tecnologia da escrita deve ter sido usada em algum ponto (caso contrário não teríamos os poemas agora). Depois da Idade das Trevas, na segunda metade do século VIII a.C., as comunidades gregas adotaram uma escrita alfabética baseada na escrita semítica ocidental. Uma modesta taça de argila encontrada em Ísquia, uma ilha na costa de Nápoles, fornece evidências importantes para a épica homérica (ver Figura 8). Uma inscrição com alguns versos de poesia, riscada na lateral dela, e datando de aproximadamente 740-720 a.C., anuncia com orgulho: "Eu sou a taça de Nestor...".

Na *Ilíada*, Nestor é dono de uma taça fabulosa, feita de ouro maciço, que só ele é forte o bastante para erguer (um detalhe intrigante para leitores tanto modernos quanto antigos, visto que Nestor é velho na *Ilíada*, e não é o mais forte dos aqueus). Não há nenhuma semelhança física entre o modesto recipiente de barro encontrado em Ísquia e a famosa taça de Nestor na *Ilíada*, mas a inscrição pode bem ser uma referência jocosa ao poema, ou algum outro conto épico sobre o lendário Nestor e sua taça. A disposição extremamente regular da inscrição pode refletir a influência de textos épicos escritos em papiros ou couro, apesar de tais textos (se existiram) não serem necessariamente as nossas *Ilíada* ou *Odisseia*.

Alguns estudiosos especulam que a escrita tenha sido introduzida na Grécia precisamente com o propósito de registrar a épica homérica – mas não há nenhuma maneira de provar nada semelhante. Na verdade, essa ideia parece improvável (a escrita semítica ocidental tinha aplicações práticas óbvias, para o comércio, por exemplo), e a taça de Ísquia pode muito bem ser anterior aos nossos poemas.

Mesmo numa época em que textos da *Ilíada* e da *Odisseia* devem ter existido, tudo o que ouvimos falar é sobre recitações orais. Sabemos que, no século VI a.C., o tirano Pisístrato ou um de seus filhos aprovou um decreto segundo o qual os poemas homéricos tinham de ser recitados na íntegra e na ordem correta no festival mais importante da cidade, as Grandes Panateneias. Devem ter existido textos a essa altura, facilitando a tarefa. Em 520 a.C., sabemos também que Teágenes de Régio, no sul da Itália, escrevia sobre Homero: se havia textos sobre Homero, faz sentido que também houvesse textos dos seus poemas. Ainda assim, a ênfase das nossas fontes permanece na execução, e não na escrita: o que chamava a atenção dos gregos era o trabalho dos cantores profissionais chamados rapsodos, que recitavam os épicos homéricos nas Panateneias e muitos outros festivais das cidades pelo mundo falante de grego. As evidências materiais confirmam que, na altura do período arcaico tardio, o conhecimento dos poemas era disseminado. Vasos gregos, encontrados em muitas localidades diferentes, exibem pinturas inspiradas especificamente pela *Ilíada* e pela *Odisseia*, em oposição a temas épicos mais gerais. Junto com as mais antigas citações remanescentes de Homero, e referentes a Homero no trabalho de outros poetas, eles fornecem um *terminus ante quem* para a *Ilíada* e a *Odisseia*: na altura do fim do século VI a.C., os poemas eram bem conhecidos por todo o mundo grego.

4.
O POETA NOS POEMAS

Como já se disse, temos poucas evidências sobre a pessoa ou as pessoas responsáveis pela composição da *Ilíada* e da *Odisseia*. Dentro dos próprios épicos, no entanto, a voz do narrador pode ser claramente ouvida. Essa voz era importante para as plateias e leitores antigos, influenciando o que achavam do lendário "Homero" – e essa voz permanece importante hoje, não porque revele o(s) verdadeiro(s) autor(es) dos poemas, mas porque caracteriza a narrativa.

A *Ilíada* começa com uma ordem – "Cante, ó deusa, a ira de Aquiles" – e a da deusa evidentemente atende a esse comando, porque o que ouvimos em seguida é precisamente uma canção sobre a ira de Aquiles. Depois da invocação de abertura, o poeta e a Musa cantam em uníssono: não é mais possível distinguir a voz do poeta e a deusa. Em momentos de tensão excepcional, no entanto, o poeta parece perder contato com sua divindade e, novamente, o ouvimos pedir ajuda. Já no Canto 2, antes de se lançar em um longo "Catálogo das Naus", o poeta para e reflete sobre a enormidade do que agora precisa proferir, uma lista de todos os líderes gregos e seus contingentes:

> Contem-me agora, vocês, Musas que têm suas moradas no Olimpo –
> pois vocês são deusas, estão presentes, e sabem todas as coisas,
> mas nós só ouvimos os rumores, e não sabemos nada –
> quem eram os principais homens e senhores dos dânaos.

Aqui o poeta traça uma linha clara entre deuses e mortais: as Musas (vocês) estão sempre presentes e sabem tudo, ao passo que o poeta e sua plateia (nós) podem no máximo ouvir algo, mas não têm conhecimento seguro. A palavra que eu traduzi por "rumor", a fim de preservar a qualidade auditiva e a precária reivindicação de verdade, é *kleos*, literalmente "aquilo que é ouvido", mas também "fama", e, algumas vezes, especificamente "poesia épica". Em contraste com o que é ouvido, o verbo "saber", em grego, partilha sua raiz com o verbo "ver". Essa invocação, então, coloca divindade, presença, visão e conhecimento acima de mortalidade, distância, audição e ignorância. O que surpreende, a essa altura da narrativa, é que o poeta se coloca com sua plateia, e pede para ouvir as Musas. Logo, no entanto, ele troca de lado, e se posiciona com as Musas, revelando o que vê – e isso, como eu discuto nas pp. 73ss., é um panorama extraordinário.

A *Odisseia* também começa com uma ordem: "Conte-me, ó Musa, do homem de muitas guinadas, que vagou por todo lado, depois de saquear a cidade sagrada de Troia". Mas, em seguida, o poeta se expande um pouco, a fim de fazer um julgamento sobre a moralidade de Odisseu: ele perdeu todos os seus homens antes de voltar para sua terra, mas não foi culpa dele, somos informados, já que seus companheiros tolos comeram o gado do Sol, e foram punidos como resultado. Leitores antigos se preocupavam com essa afirmação, como testemunham os escólios: "Há aqui um problema. Por que o poeta só falou do único barco que o Sol destruiu?". Essa é, de fato, uma boa pergunta, já que a tripulação de apenas um barco comeu o gado do Sol, e sofreu um naufrágio em consequência disso. Odisseu perdeu a maior parte de seus companheiros em outras circunstâncias – circunstâncias pelas quais eles nem sempre eram culpados.

Assim como defende seu personagem principal, o poeta apresenta algumas reflexões explícitas sobre a sua arte, e o relacionamento dela com o poder. No começo da *Odisseia*, Telêmaco repreende sua mãe porque ela tenta influenciar o repertório de Fêmio, o cantor que se apresenta em sua casa. Mais tarde, quando Odisseu visita os feácios, ele elogia o aedo local, Demódoco, pelo seu relato objetivo sobre o que aconteceu em Troia: segundo Odisseu, ele canta "como se tivesse estado lá em pessoa". Demódoco é cego e não reconhece Odisseu, um dos protagonistas de sua história. Precisamente por esse motivo, o relato dele tem a garantia de ser objetivo e verdadeiro, sem segundas intenções. (Odisseu recompensa Demódoco com um suculento naco de carne de porco, mas o cantor não adaptou sua canção para agradá-lo). Leitores antigos achavam que Demódoco era uma figura autobiográfica, e que o próprio Homero era cego. Achavam que os versos que se seguem se aplicavam tanto a Homero quanto ao aedo feácio:

> A Musa o amava imensamente, e deu-lhe um dom bom e um ruim: ela o privou de seus olhos, mas deu-lhe uma doce canção.

O dom da poesia é apresentado como grande, mas frágil, na *Odisseia*. No fim do poema, quando Odisseu obtém sua vingança dos pretendentes e daqueles que se uniram a eles, o cantor Fêmio teme por sua vida. Ele implora para ser poupado, argumentando que tem um dom divino para a poesia, que cantou para os pretendentes sob coerção, e que agora vai cantar para Odisseu "como para um deus", se sua vida for poupada. A primeira *Odisseia*, o primeiro "poema sobre Odisseu", é resultado da misericórdia de Odisseu para com o cantor.

Essas breves observações já sugerem que duas vozes narrativas diferentes surgem da *Ilíada* e da *Odisseia*. No poema sobre Troia, é-nos apresentado um relato claro e objetivo. Na *Odisseia*, ao contrário, a perspectiva do poeta e a de Odisseu estão entremeadas, também porque o próprio Odisseu assume a narrativa nos Cantos 9-12 e se diz que ele canta suas façanhas passadas "como um aedo". Um crítico antigo conhecido como "Longino" argumentava que a *Ilíada*, com sua visão intensa e intransigente, era obra de um poeta no seu auge, "o sol ao meio-dia", enquanto a *Odisseia* era uma obra da velhice, mais especulativa, irônica e ambígua: um pôr do sol. Havia menos calor neste poema, segundo Longino, mais sombra, e "a tendência dos velhos de se inclinar ao fabuloso". Deixando de lado a especulação biográfica sobre Homero, as vozes narrativas refletem claramente as diferentes idades e personalidades dos personagens principais.

Se perguntarmos de que ponto de vista a história é contada, parece, de novo, haver uma diferença entre a *Ilíada* e a *Odisseia*. Na *Ilíada*, a posição do narrador em relação aos eventos que ele narra pode ser identificada com uma precisão surpreendente. Quando o poeta diz "à esquerda" ou "à direita", por exemplo, ele sempre olha para a ação no campo de batalha da mesma perspectiva: mantém-se de costas para o mar, de frente para a planície e a cidade de Troia para além dela. A costa curvilínea, com as embarcações dos aqueus encalhadas, organiza-se diante dele "como um teatro", como colocou um estudioso antigo. Quando o poeta fala com sua própria voz, "esquerda" e "direita" sempre indicam que ele está vendo a ação daquela posição. Por contraste, quando um personagem troiano fala, "esquerda" e "direita" estão invertidas. Apesar de alguns estudiosos insistirem que o poeta trata com imparcialidade os troianos e os aqueus no poema, o resultado é que ele, de forma bastante literal, vê a guerra pelo lado dos aqueus. Sua posição ancora a narrativa e torna possível para ele, e, de fato, para nós, obter um panorama claro de como a ação se desdobra. Hoje há uma simulação em computador de como os guerreiros da *Ilíada* se movem no campo de batalha, baseada em indicações precisas dadas no texto – e ela demonstra o controle visual do poeta sobre a ação.

Além de descrever a luta de sua perspectiva costumeira, pairando em algum lugar acima do mar Egeu e de frente para Troia, o poeta pode dar um zoom e descrever detalhes mínimos – uma lança que penetra numa fronte, por exemplo, transformando o cérebro em polpa. Pode mostrar como dois cavalos tropeçam em um galho, e depois desvencilham as patas, para revelar todo o campo de batalha em desordem. Leitores contemporâneos muitas vezes comentam as características cinematográficas da épica homérica, mas, na Antiguidade, não havia helicópteros, câmeras, sondas médicas que podiam penetrar ferimentos e revelar a devastação interna. Para as plateias antigas, os poderes de visão do poeta eram verdadeiramente divinos.

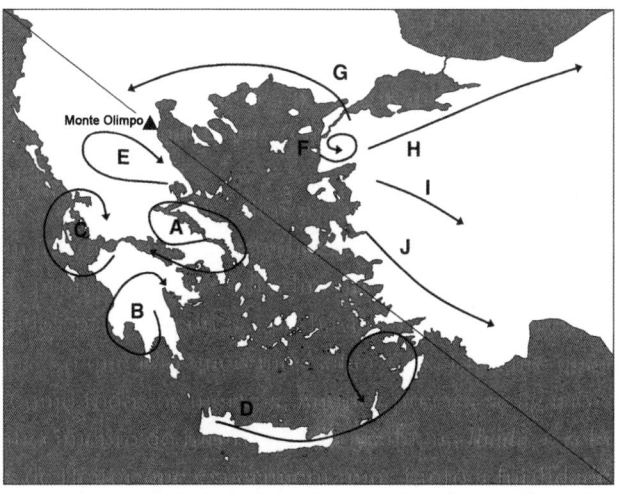

Figura 9. Mapa do "Catálogo das Naus" e do "Catálogo dos Troianos", no Canto 2 da *Ilíada*. Eles dão uma boa ideia da visão panorâmica do Mediterrâneo oriental do poeta: ver discussão e explicação das flechas na p. 74.

Há dois trechos na *Ilíada* que demonstram de forma espetacular a habilidade do poeta para fazer um levantamento da paisagem, como se estivesse acima, e dar um zoom destacando detalhes de proporções microscópicas: o "Catálogo da Naus" no Canto 2 e o "Escudo de Aquiles" no Canto 18. Como já foi dito, no início do catálogo o poeta pede ajuda às Musas. Ele então começa a nomear os comandantes de todos os contingentes que formavam a expedição troiana, organizando espacialmente seu catálogo, com base no lugar de origem do comandante (ver Figura 9).

Ele começa em Áulis, onde a frota aqueia se reuniu antes de partir para Troia, e se move em espiral, em torno desse ponto de partida – a fim de nomear os contingentes que se reuniram de localidades próximas (flecha A no mapa). Uma segunda espiral começa na Lacedemônia – lugar de origem da guerra, já que Helena foi sequestrada lá (B). Um terceiro movimento leva o catálogo para Élis, na Grécia oriental, onde o poeta traça outra rota para incluir Ítaca e Cálidon (C). Numa quarta espiral, o poeta lista os contingentes Egeus (D), e depois se muda para a Ftia, lugar de origem de Aquiles, e nomeia os contingentes próximos numa espiral final (E).

Esse imenso "Catálogo das Naus", assim, encerra-se com Aquiles, sua contribuição anterior e atual ausência: sem ele, os aqueus não podem ter sucesso, por mais grandiosa que seja a sua frota. Um controle visual da paisagem semelhante surge do "Catálogo dos Troianos", que se segue, e lista os aliados deles (flechas F–J no mapa). Na ausência de Google Earth, precisamos nos perguntar como o poeta podia ver o que descreve. Talvez seja significativo que o Olimpo, ponto de observação dos deuses, fique precisamente na linha divisória entre os contingentes aqueu e troiano: os deuses deviam ter a mesma visão privilegiada da paisagem, assim como o próprio poeta.

A descrição do "Escudo de Aquiles" proporciona um exemplo diferente de como o poeta vê o mundo, mas revela igualmente seus poderes divinos de visão. Quando Pátroclo volta do campo de batalha, Aquiles empresta-lhe sua armadura, e, assim, acaba perdendo-a quando o amigo é morto e despido. Para ajudar seu filho quando ele decide entrar na luta, Tétis pede ao deus Hefesto que faça novas armas para ele. O deus se põe a trabalhar, e o poeta nos mostra o que ele faz.

Os detalhes da criação de Hefesto (e do poeta) são muito discutidos, mas o desenho geral parece claro: o escudo é redondo, e exibe várias faixas concêntricas decoradas. Objetos da vida real, como cumbucas de prata fenícias e cipriotas dos séculos VIII e

VII a.C., podem ter inspirado o desenho, mas o escudo de Aquiles é um artefato divino: estrelas nascem e se põem no seu centro, marcando a passagem do tempo no cosmos; numa cena diferente, pessoas gritam umas com as outras em um caso no tribunal, e são então acalmadas por um veredito; em outra, guerreiros organizam uma emboscada, se envolvem numa escaramuça, e depois levam os mortos embora; em um outro lugar, o trabalho agrícola acompanha as estações; enquanto, em ainda outra cena, dançarinos batem os pés ao som da música; e, finalmente, o rio Oceano corre ao redor da borda do escudo. Ao que parece, nesse objeto, as imagens se transformam em histórias.

Talvez devêssemos imaginar tiras de filme projetadas em cada seção circular do escudo, até com efeitos sonoros – pois isso não é cinema mudo, mas um artefato impossível, multimídia, cinético e vibrante. Se considerarmos o tamanho do escudo, a criação toda se torna ainda mais desconcertante. Em um nível, as dimensões são determinadas pelo tamanho do corpo de Aquiles – mas as cenas nele são tão numerosas e detalhadas que, para caber, elas precisariam ser reduzidas a uma escala microscópica. O poeta concentra o mundo inteiro no escudo de Aquiles.

O fato de as cenas de paz, assim como as de guerra, estarem incluídas pode parecer estranho – outros escudos homéricos são concebidos para assustar o inimigo – mas aqui precisamos fazer uma distinção entre a habilidade do poeta de ver e descrever esse objeto divino e a perspectiva dos personagens dentro da história. Aquiles admira o escudo e reconhece, em sua espantosa complexidade, o trabalho de um artesão divino, mas quando seus soldados o veem, não conseguem aguentar olhar para o artefato e fogem aterrorizados.

As plateias antigas acreditavam que a habilidade do poeta de ver e descrever o escudo estava ligada ao seu dom divino para a poesia. Uma biografia antiga, por exemplo, dá o seguinte relato sobre a cegueira de Homero: "Quando o poeta chegou ao túmulo de Aquiles, orou para contemplar a aparência do herói quando saiu para a batalha paramentado com o segundo conjunto de armadura. Mas quando viu Aquiles, Homero foi cegado pelo brilho da armadura. Tendo despertado pena em Tétis e nas Musas, foi agraciado por elas com o dom da poesia". Como em várias outras lendas antigas, a cegueira e a visão poética caminham juntas: o poeta pode nos descrever um objeto que, na *Ilíada*, simples mortais não suportavam observar em detalhe.

Na *Odisseia*, a voz narrativa parece mais próxima de Odisseu do que de uma visão divina do mundo. O poeta pede à Musa para "começar em algum lugar" a recontar a história do "homem de muitas guinadas", mas, depois dessa invocação inicial, nunca mais pede ajuda divina. Na verdade, imediatamente depois do proêmio, Zeus reclama dos mortais, que sempre culpam os deuses pelos atos deles mesmos. Alinhado com a afirmação programática de Zeus, o resto da *Odisseia* foca amplamente o que acontece na terra: os deuses aparecem em interações com mortais, mas cenas situadas no Olimpo são raras. Assim como pouco fala sobre o que acontece na esfera divina, o poeta também nunca oferece uma visão panorâmica do espaço dentro do qual a narrativa se desenrola na terra. Fora uma exceção (quando Posídon, voltando ao Olimpo da Etiópia, avista Odisseu na sua jangada), a história parece viajar na esteira de Odisseu, e, assim, apresenta a ação no nível do mar. Há até uma insinuação de que Odisseu vai, um dia, viajar para além do alcance da poesia épica.

Quando ele visita a terra dos mortos, no Canto 11, o adivinho Tirésias prevê que Odisseu vai sofrer imensamente no mar, porque o deus Posídon quer puni-lo por cegar seu filho Polifemo, que ele vai chegar em casa um dia, mas só depois de perder todos os seus homens, e que vai ter de embarcar numa nova jornada, a fim de encontrar gente que não conhece o mar. Uma vez lá, ele deveria fazer um sacrifício a Posídon logo que ouvisse alguém confundir seu remo com um mangual. Não há nenhuma indicação de em que lugar do mundo tal erro aconteceria, mas uma coisa parece clara: o local onde Odisseu deve adorar Posídon fica para além do alcance da épica homérica. Qualquer pessoa familiarizada com a *Ilíada*, e seu imenso "Catálogo das Naus", ou com o relato da *Odisseia* sobre a viagem através o mar vinho escuro, deve conhecer remos. O poema, assim, expande-se para além do mundo conhecido não só imaginando terras míticas habitadas por ninfas e monstros, mas também dando a entender que há alguns lugares tão afastados do mundo dos gregos que os povos locais não sabem nada sobre o mar, e, portanto, nunca ouviram os grandes poemas épicos sobre a Guerra de Troia e suas consequências.

Embora os contornos geográficos da *Odisseia* fiquem vagos, na narrativa principal o poeta rastreia os movimentos de Odisseu com grande precisão. Isso fica especialmente óbvio na segunda metade do poema, quando ele chega a Ítaca e prepara sua vingança. Tão logo acorda em Ítaca, Odisseu esconde cuidadosamente os presentes que os feácios lhe deram numa caverna perto da praia, e depois percorre um caminho íngreme montanha acima, até a cabana do porqueiro Eumeu. Lá ele conta ao porqueiro algumas mentiras, coleta informações cruciais, encontra Telêmaco, e, disfarçado de mendigo, desce até o palácio. O velho cão, Argos, "deitado numa pilha de esterco nos portões da frente", reconhece-o, balança o rabo, e, então, convenientemente, morre – de modo que sua presença não é revelada por manifestações arrebatadas de amor canino. Odisseu agora prepara o terreno para seu ataque aos pretendentes. Fala para Telêmaco remover todas as armas do salão, e armazená-las em um cômodo interno, a ama Euricleia, nesse meio tempo, deveria manter as criadas ocupadas em um conjunto de cômodos diferente, de modo que elas não percebessem a transferência das armas. Enquanto os pretendentes aproveitam o que vai ser sua última refeição barulhenta no salão, Odisseu se posiciona ao lado da porta: eles mal notam o mendigo, mas o poeta faz questão de que nós saibamos exatamente onde ele está.

Penélope aparece de repente, descendo as escadas com o antigo arco de Odisseu nas mãos, e para "ao lado de uma pilastra, suporte para o telhado". Ela propõe uma competição: quem quer que consiga esticar o arco e atirar uma flecha através dos anéis de doze eixos enfileirados, vai ser seu marido. Telêmaco declara que também vai participar, e em caso de vitória vai cuidar ele mesmo da mãe. A competição tem início. Telêmaco tenta esticar o arco três vezes, e, na terceira, está prestes a conseguir: Odisseu, porém, faz sinal para ele deixar para lá, enquanto permanece despercebido em seu canto. Os pretendentes encaram o desafio, um por vez, começando por aqueles sentados à direita de Antínoo, seu líder. Ao longo da narrativa, o poeta dá uma atenção especial para onde exatamente o arco acaba depois que cada competidor tenta esticá-lo e o que os pretendentes fazem com ele para tentar curvá-lo. Podemos quase sentir os olhos de Odisseu fixos no seu antigo arco.

De novo sem atrair a atenção dos pretendentes, Odisseu faz um sinal para o porqueiro Eumeu e o pastor Filécio saírem com ele. Ele revela sua identidade e detalha seus planos. Eles voltam um por um ao salão despercebidos e se posicionam como combinado. Eumeu garante que o arco acabe nas mãos de Odisseu, Filécio tranca o salão, Telêmaco manda Penélope subir para o quarto. Odisseu agora pega o arco, estica-o com facilidade, e lança sua flecha através dos doze anéis. E então continua atirando – nos pretendentes, agora. O Canto 22 da *Odisseia* abre com esse ataque inicial, quando ele se despe dos trapos de mendigo, salta na soleira do salão, e faz pontaria. (Ficamos sabendo, através de Platão, que essa era uma das cenas favoritas do repertório dos cantores épicos).

A técnica do poeta ao descrever os preparativos até a morte dos pretendentes é cinematográfica, como, na verdade, muitas vezes é na *Ilíada*. Mas o ângulo é diferente. Em vez de proporcionar uma vista aérea do campo de batalha, e depois ficar entrando e saindo da ação com um zoom, aqui a "câmera" está posicionada no nível dos olhos. Acompanhamos o olhar de diferentes personagens quando interceptam sinais privativos, ou não conseguem perceber o que está acontecendo. Odisseu e seus cúmplices se posicionam cuidadosamente ao redor da sala, e voltam seu olhar um para o outro, lentamente, silenciosamente – enquanto os pretendentes barulhentos se gabam, transpiram e bravateiam no centro. Para usar um termo emprestado da narratologia, o que temos aqui é um ótimo exemplo de "focalização" – o poeta nos faz captar a cena através dos olhos de personagens específicos: Telêmaco verificando com o pai se tudo bem esticar o arco, Filécio trancando as portas furtivamente sob os olhos de seus cúmplices, Odisseu mantendo o olhar fixo no arco enquanto ele passa de pretendente em pretendente.

Quando a arma finalmente acaba em suas mãos, depois de toda essa preparação, há o perigo de a tensão narrativa diminuir enquanto ele estica o arco. O poeta precisa dar a entender a rapidez e a facilidade com que Odisseu manipula sua antiga arma e lança a primeira flecha, mas ainda assim não pode deixar um movimento rápido e fácil se tornar uma decepção narrativa. Então, ele apresenta a ação de Odisseu em câmera lenta, inserindo um símile bem no meio da descrição:

> Uma vez tendo se apossado do grande arco e o examinado,
> como quando um homem, que bem compreende a lira e o canto,
> facilmente, segurando-a pelos dois lados, puxa a bem retorcida
> corda de tripa de ovelha, para prendê-la sobre uma nova cravelha,
> assim, sem nenhum esforço, Odisseu esticou o grande arco.
> Depois, dedilhando com sua mão direita testou a corda,
> e obteve em retorno um som excelente, como a voz de uma
> [andorinha.

O feito de Odisseu e a arte do poeta são uma coisa só. A plateia ouve o cantor dedilhar sua corda, e ao mesmo tempo vê Odisseu testar seu arco. Glorificando a maestria de Odisseu nesse ponto crucial da história, o poeta também engrandece a si mesmo: muitas vezes, na *Odisseia*, o personagem principal e o cantor de histórias são aproximados. O que é especial quanto ao símile, no entanto, é a forma com que o contexto do canto e a ação na narrativa são sobrepostos. O poeta canta a história de Odisseu com o acompanhamento da sua lira, e ao mesmo tempo o arco de Odisseu canta, antes de matar os pretendentes.

No período arcaico e no clássico, rapsodos recitavam a épica homérica sem acompanhamento musical: a imagem do símile, portanto, não correspondia à forma como era a experiência das plateias antigas com a *Odisseia* nas Panateneias ou outros festivais do tipo. Ainda assim, os gregos imaginavam que Homero era um cantor – assim como o aedo do símile. Três diferentes camadas estão, então, sobrepostas: o rapsodo recitando essa cena diante de uma plateia (e nós só podemos imaginar como um artista podia executar a cena mesmo sem uma lira de verdade nas mãos), o mítico autor dos poemas, e Odisseu estirando seu arco. Não poderia haver uma ilustração melhor da presença épica. Conforme vamos lendo, estamos bem ali, com Odisseu, mas também com todas as sucessivas plateias que ouviram essa história.

PARTE II
A *Ilíada*

5.
A IRA DE AQUILES

Uma palavra grega incomum, *mēnis*, abre a *Ilíada*, e funciona quase como um título. Desde o início já há a promessa de um poema grandioso sobre uma questão muito específica: a ira de Aquiles, que trouxe incontáveis agonias aos aqueus. Ficamos sabendo a causa dessa ira – uma briga aparentemente banal entre Aquiles e Agamêmnon, "líder de homens" – e nos vemos confrontados com suas consequências devastadoras:

> Cante, ó deusa, a ira de Aquiles, filho de Peleu,
> a ira maldita que trouxe para os aqueus incontáveis
> agonias e lançou muitas sombras poderosas de heróis para
> o Hades, fazendo-lhes tornar-se presa de cães e
> de todo tipo de ave, e o plano de Zeus se cumpriu.
> Cante sobre o tempo em que os dois homens foram primeiramente
>   [divididos em desavença –
> o filho de Atreu, líder de homens, e o glorioso Aquiles.
> Qual dos deuses os predispôs a se desentender e brigar?

Foi Apolo, ficamos sabendo, quem causou a briga inicialmente. Ele também sentia "ira" contra Agamêmnon (*mēnis* de novo), e o motivo era este: depois de um ataque bem-sucedido a uma cidade perto de Troia, Agamêmnon recebeu uma jovem cativa, Criseida, como escrava. O pai dela, no entanto, sacerdote de Apolo, chegou ao acampamento aqueu como suplicante, e implorou para que Agamêmnon libertasse a filha em troca de um resgate. Agamêmnon recusou-se. Apolo reagiu com ira a essa demonstração de desrespeito. Desceu do Olimpo "como cai a noite", colocou-se a uma certa distância do acampamento, e começou a atirar suas flechas: primeiro mulas e cães começaram a morrer, mas logo a praga se alastrou entre os homens. Aumentou a pressão para que Agamêmnon libertasse Criseida, aplacasse o deus, e, assim, pusesse fim à epidemia. Aquiles se manifestou, reiterando o que precisava ser feito. Agamêmnon concordou em devolver Criseida ao pai, mas exigiu que a escrava de Aquiles, Briseida, fosse-lhe dada como compensação. Isso, por sua vez, enfureceu Aquiles. Ele cogitou matar Agamêmnon ali mesmo, mas, pensando melhor (ou, como diria Homero, por intervenção de Atena, deusa da tática), decidiu, em vez disso, recuar da briga. A divina mãe de Aquiles, a ninfa marítima Tétis, implorou a Zeus que deixasse os aqueus morrer no campo de batalha enquanto seu filho ficasse fora da guerra: Agamêmnon logo se daria conta de que não podia se dar ao luxo de insultar Aquiles.

No começo da *Ilíada*, Aquiles se comporta muito como uma divindade ofendida. Os paralelos com Apolo, em particular, são claros – não só no nível da linguagem (um termo raro para "ira" é usado para ambos), mas também no nível da estrutura. Quando Apolo se sente ofendido, manda uma praga, dizima o exército, e, com isso, põe pressão no comandante em chefe, Agamêmnon, que precisa consertar a situação. Quando Aquiles se sente ofendido, ele também faz questão de que aqueus morram, e, com isso, marca posição diante de Agamêmnon. Mas daí para a frente, os dois casos tomam rumos diferentes. Quando Apolo consegue o que queria, é aplacado: Agamêmnon liberta Criseida, e a praga chega ao fim. Ao contrário, quando Agamêmnon finalmente propõe devolver Briseida a Aquiles, junto com outros incontáveis presentes, Aquiles ainda não está nada aplacado – na verdade, ele parece "determinado a ser mais arrogante ainda".

O momento crucial da negociação entre Aquiles e Agamêmnon acontece no Canto 9. Os aqueus estão sofrendo muitas baixas, e Agamêmnon agora sabe que precisa trazer Aquiles para o seu lado – ou então perder o exército, a honra e a guerra. Ele manda a Aquiles uma comitiva com enviados cuidadosamente escolhidos: Odisseu, o porta-voz mais persuasivo, Ájax, o guerreiro mais forte depois de Aquiles, e Fênix, um velho que cuidou de Aquiles quando ele era pequeno, e, então, está numa boa posição para aconselhá-lo. Eles falam para Aquiles que Agamêmnon não só está pronto para devolver Briseida, como também está disposto a acrescentar muitos outros presentes. As mulheres, cidades, trípodes, animais e outros bens que Agamêmnon oferece, junto com a mão de uma de suas próprias filhas em casamento, constitui uma transferência de honra de proporções um tanto sem precedentes. E, mesmo assim, Aquiles se recusa a voltar para o campo de batalha.

A questão é por quê. Com Apolo, a situação era clara: Criseida precisava ser devolvida ao pai. Com Aquiles, não é nada óbvio o que poria fim à sua ira, se é que alguma coisa o faria. Alguns comentadores observam que Agamêmnon não se desculpa, e não faz as ofertas em pessoa – mas seria prudente evitar um confronto cara a cara com Aquiles, visto quão bravo ele ainda está. O fracasso da comitiva não pode ser atribuído a Agamêmnon sozinho, ou, na verdade, aos seus enviados. Odisseu, é verdade, irrita Aquiles, que o acusa de duplicidade. Os dois homens sofrem de uma incompatibilidade profunda, mitológica: Aquiles precisa escolher entre a glória e um retorno seguro para casa, como ele mesmo observa para Odisseu, enquanto Odisseu notoriamente consegue garantir as duas coisas. Ájax se sai melhor com Aquiles, que aprecia sua conversa objetiva sobre obrigação, e Fênix inspira nele uma afeição genuína. Mesmo assim, Aquiles ainda se recusa a cooperar – por motivos que ele articula com uma clareza alarmante:

... não creio que nada tenha valor igual ao da minha vida, nem mesmo toda a riqueza que dizem que Troia, aquela cidade populosa, um dia possuiu em tempos de paz antes dos filhos dos aqueus virem, nem toda a riqueza que a soleira de pedra do arqueiro Febo Apolo guarda dentro de seu templo na Pito rochosa.

Gado e rebanhos de ovelhas robustas podem ser obtidos por pilhagem, e trípodes e manadas de cavalos castanhos podem vir a pertencer a alguém, mas pilhar e ganhar não podem trazer de volta a vida de um homem uma vez que ela tenha ultrapassado a barreira de seus dentes.

A perspectiva da morte torna Aquiles intratável. Apolo pode ficar satisfeito com juntar presentes "na Pito rochosa" (uma rara referência iliádica ao santuário dele em Delfos), mas o mortal Aquiles precisa proteger uma coisa muito mais preciosa para ele do que qualquer quantidade de riqueza: sua vida.

Só que, no fim, a ira de Aquiles não é bem como a de um deus, e, pensando bem, isso já estava implícito no primeiro verso da *Ilíada*: "Cante, ó deusa, a ira de Aquiles, filho de Peleu". No decorrer do poema, Aquiles vem a se dar conta de que é de fato filho de um mortal, apesar de no começo agir muito como cria de sua mãe imortal. Quando Agamêmnon o ofende, ele imediatamente tem uma audiência com Tétis, e lembra-lhe que Zeus deve um favor a ela:

> Mãe, muitas vezes ouvi você se gabar nos salões de meu pai,
> quando dizia que só você entre os imortais
> evitou a feia destruição de Zeus das Nuvens Escuras,
> no tempo em que outros olímpicos, Hera e Posídon
> e Palas Atena, queriam amarrá-lo.
> Mas você, deusa, veio e libertou-o de suas amarras,
> ...
> Sente-se ao lado de Zeus agora, suplique-lhe, e lembre-lhe
> disso, para ver se ele concorda em ajudar os troianos encurralando
> os aqueus junto às popas das suas naus ao longo da costa do mar

e matando-os; de modo que todos possam se deliciar com seu
rei, e que o filho de Atreu, o amplamente reinante Agamêmnon,
venha a conhecer seu delírio, de não ter ele honrado
[o melhor dos aqueus.

O incidente mencionado por Aquiles aparece apenas aqui, no começo da *Ilíada*, mas há uma história importante por trás dele que ajuda a explicar a influência de Tétis junto ao deus supremo. Em algum momento do passado, antes da Guerra de Troia, Zeus queria fazer sexo com Tétis, mas foi alertado de que o filho de Tétis viria a se tornar mais forte do que seu pai – e, assim, a fim de preservar sua própria supremacia, casou-a com um simples mortal. Isso, aos olhos de Tétis, foi humilhação suficiente, e na *Ilíada* ela está convencida de que seu pobre filho não deve agora ter de engolir os insultos de Agamêmnon. Visto que Zeus deve seu poder a Tétis, ele devia garantir que Aquiles fosse adequadamente honrado.

O plano acordado entre Zeus e Tétis no começo da *Ilíada* funciona: os aqueus morrem, e Agamêmnon acaba percebendo que precisa honrar Aquiles. A essa altura, no entanto, as prioridades de Aquiles mudaram. Ele insiste que não é como Apolo, satisfeito com acumular oferendas em Delfos: ele quer viver, e Agamêmnon não pode oferecer a ele nada tão precioso quanto a vida. Isso parece ser uma resposta suficientemente clara, mas, além de descrever os detalhes dos presentes de Agamêmnon, os enviados também usam outros argumentos que não podem ser descartados com tanta facilidade. Fênix observa que os deuses abrem mão de sua raiva não apenas em troca de presentes, mas também porque os homens precisam de ajuda, e expressam sua necessidade com súplicas e orações. Ájax lembra Aquiles de suas obrigações para com os homens ao lado dos quais deveria estar lutando. São argumentos importantes, mesmo que Aquiles ainda não esteja pronto para aceitá-los. Ele diz a Ájax, com bastante franqueza, que concorda com tudo o que ele diz, mas que fica bravo demais quando se lembra do que aconteceu, e de como Agamêmnon o tratou.

Ainda assim, Ájax consegue arrancar uma concessão: Aquiles admite que pode de fato voltar à luta quando Heitor chegar ao acampamento e ameaçar colocar fogo nos navios – ou melhor, quando chegar ao navio de Aquiles, especifica ele em um arroubo final de egoísmo. Por tudo isso, fica claro que nosso herói na verdade sente alguma conexão com os homens que estão sendo massacrados no campo de batalha. Já no Canto 11, quando nota os feridos voltando para o acampamento, ele manda seu companheiro mais próximo, Pátroclo, fazer perguntas sobre a luta. Seu amigo volta com notícias terríveis, e pede a Aquiles para deixar que pelo menos ele volte ao campo de batalha. Aquiles hesita, preocupado com a segurança de Pátroclo, mas finalmente concorda com o pedido, e empresta a ele sua própria armadura como proteção. Logo depois, Heitor mata Pátroclo e leva a armadura de Aquiles como despojo. Atormentado pela dor e pela culpa, Aquiles está pronto para combater de novo. Sua atitude quanto a Agamêmnon não mudou (como vários detalhes da narrativa deixam claro), mas a vingança agora é para ele mais importante do que a vida.

Assim como a sua raiva, o desejo de vingança de Aquiles tem uma intensidade e uma duração fora do comum. Ele sacrifica doze prisioneiros troianos no túmulo de Pátroclo, e depois de matar Heitor continua a profanar e mutilar o corpo dele, negando-lhe um enterro. Apolo acha esse comportamento desumano e imperdoável:

... Aquiles matou a piedade, e não há nenhum respeito nele,
respeito que tanto prejudica como também beneficia enormemente
[os homens.
Alguém mais vai ter perdido uma pessoa até mais querida
para ele do que isso, um irmão nascido da mesma mãe, ou mesmo
um filho, mas no fim desiste de chorar e

lamentar, porque as moiras colocaram nos homens um coração
que suporta; mas este Aquiles primeiro rouba do glorioso Heitor
sua vida e depois amarra-o atrás de seu carro e arrasta-o
em torno da pira de seu querido companheiro. Ele, porém,
deveria saber que não tem nada de bonito ou bom nisso; que
ele fique ciente da nossa raiva, por mais grandioso que seja, porque
em sua fúria ele está ultrajando a terra muda.

Na visão de Apolo, Aquiles deveria começar a avaliar sua dor levando em consideração a de outros mortais. Pode até ser que o sofrimento dele com a morte de Pátroclo não seja tão grande quanto o de um homem que perde um irmão ou um filho. Mais tarde, no Canto 24, Aquiles acaba percebendo exatamente isso – quando vê Príamo, e pensa no luto iminente de seu próprio pai.

As observações de Apolo sugerem que Aquiles pode não ser um caso tão especial assim no fim das contas. A ira dele é devastadora, mas o confronto com a morte é algo que todos nós reconhecemos. Há, de fato, muitos paralelos com a história de Aquiles – alguns inseridos no próprio poema e outros provenientes de outras paragens. No Canto 9, Fênix tenta persuadir Aquiles a voltar à luta citando o exemplo de Meleagro, um homem que viveu "muito tempo atrás". Esse Meleagro incialmente se recusou a participar de uma guerra, por raiva, mas foi por fim convencido a defender sua mulher e sua casa. O tanto que Fênix, e, na verdade, o poeta da *Ilíada*, enfatiza os detalhes da história de Meleagro a fim de transformá-la em um exemplo adequado para Aquiles é algo que os estudiosos debatem há muito tempo: não pode ser coincidência, por exemplo, que a mulher de Meleagro se chame Cleópatra na *Ilíada*, um nome composto pelos mesmos elementos que Patro-clos (evocando "pai" e "glória").

Em seu luto pela morte do amigo, Aquiles também lembra o grande herói babilônico, Gilgámesh – outro paralelo que atraiu muito debate acadêmico, já que sugere influências do Oriente Próximo sobre as tradições narrativas gregas. A *Epopeia de*

Gilgámesh tem paralelos na *Ilíada* não apenas em alguns detalhes que saltam aos olhos, mas também na sua concepção geral. Como Aquiles, Gilgámesh tem ascendência humana e divina mista, como Aquiles, ele se rebela contra a condição humana: quando seu amigo mais próximo Enkídu morre, ele resolve sair em busca da vida eterna. Sua busca heroica, no entanto, está fadada ao fracasso. Na versão babilônica antiga da história, uma sábia taberneira chamada Shidúri diz exatamente isso a ele perto do fim da jornada, e dá um bom conselho:

> Ó Gilgámesh, por onde está vagando!
> A vida eterna que busca, você não vai encontrar.
> Quando os deuses criaram a raça humana,
> destinaram a morte à raça humana,
> guardaram a vida eterna para si mesmos.
> Então, Gilgámesh, trate de ficar de barriga cheia,
> de divertir-se dia e noite,
> todos os dias providencie prazeres.
> Dia e noite, dance e brinque,
> leve as roupas sempre limpas.
> Mantenha a cabeça lavada, banhe-se em água, valorize o
> pequeno que segura a sua mão,
> que a sua mulher fique feliz no seu colo.

No extremo da sua dor, Gilgámesh está bem longe de dar ouvidos a essas palavras. Imediatamente após a morte de Enkídu, ele arranca os cabelos, joga fora suas roupas finas, e vaga no mato vestindo uma pele de animal. E continua a viajar até encontrar Utanapíshti, o único homem que sobreviveu ao dilúvio. É só então que ele aprende uma lição fundamental. O antediluviano Utanapíshti lhe conta que ele nunca vai encontrar o segredo da vida eterna, e, depois (na versão babilônica padrão), despacha-o para casa com uma muda de roupas novas.

Quando Pátroclo morre, a reação física de Aquiles lembra a de Gilgámesh. Ele esfrega o rosto e as roupas com cinza, arranca os cabelos, e chora angustiado. Tétis, que já começou a lamentar a morte do próprio Aquiles em seus domínios submarinos, escuta, e vem em sua ajuda. Aquiles agora quer lutar, ela percebe, e vingar seu amigo matando Heitor. Apesar de Tétis advertir que ele mesmo vai morrer logo depois de levar a cabo a sua vingança, Aquiles não se importa mais. Ele perdeu o gosto pela vida. Não consegue dormir, não tem apetite e só pensa em Pátroclo. Como vários detalhes da narrativa deixam claro, ninguém mais importa para ele.

O luto de Aquiles é observado tão de perto que chamou a atenção de clínicos. Em um livro importante, o psiquiatra Jonathan Shay o diagnostica com transtorno de estresse pós-traumático, sugerindo correspondências ponto a ponto entre o comportamento de Aquiles e os sintomas manifestados por muitos dos veteranos do Vietnã que ele tratou: *mēnis*, na análise de Shay, compartilha características importantes com a fúria desenfreada que seus pacientes sentiam. Em ambos os casos, alega Shay, o trauma começa com uma traição do que está certo segundo as normas sociais que governam o contexto específico em que o guerreiro opera; isso leva a um encolhimento do seu horizonte moral, e uma completa perda de controle quando alguma coisa terrível acontece, mesmo dentro desse limite reduzido – tipicamente a morte de um camarada próximo. Como Aquiles, muitos combatentes modernos continuam a sentir culpa e raiva extremas muito tempo depois dos acontecimentos que desencadearam a violência desenfreada.

Existem, é claro, limites para comparações transhistóricas amplas desse tipo: Aquiles não é exatamente como Gilgámesh, nem os veteranos americanos como Aquiles. Ainda assim, a *Ilíada* se esforça para expressar uma característica essencial da vida humana, e, por isso, não surpreende que esteja em sintonia, pelo menos em parte, com experiências de pessoas em tempos e lugares diferentes. Na verdade, o poema reitera que o pesar de Aquiles está longe de ser exclusivo. Quando Príamo, rei de Troia, fica sabendo que seu filho Heitor foi morto, ele se joga ao chão e se cobre de esterco: o gesto expressa o quão pouco ele agora se importa com seu próprio corpo, e lembra a reação de Aquiles à morte de Pátroclo. No fim do poema, confrontada com o problema da morte humana e do luto, até Tétis tenta consolar Aquiles com argumentos inteiramente humanos, sem recorrer à sua própria condição divina ou apelar para Zeus. Ela ecoa o conselho da taberneira Shidúri na *Epopeia de Gilgámesh*, e, na verdade, os sentimentos de inúmeras mulheres desejosas de serem avós:

> Meu filho, quanto tempo você vai consumir seu coração com luto e lamentação, não se importando com comida ou cama? Na verdade, é uma coisa boa deitar-se com uma mulher, já que sua vida não vai ser longa e eu vou perdê-lo, a morte e o seu destino cruel já estão ao seu lado.

Mesmo com todo o seu pesar, Aquiles acaba ouvindo a mãe, e dorme com Briseida. Além disso, quando Príamo entra na sua tenda como suplicante, e implora que ele libere o corpo de Heitor, Aquiles está comendo. Príamo, em comparação, ainda sente a dor mais crua pela perda do filho: não comia nem dormia desde a morte deste. No decorrer do encontro (Figura 10), Aquiles convence Príamo a comer, beber e dormir, contando a ele a história de Níobe – uma mãe mítica que perdeu seus doze filhos e ainda conseguiu (segundo Aquiles) fazer uma refeição depois do luto. Ao que parece, Aquiles adapta os detalhes da história de Níobe a fim de reforçar seu argumento, mas o que ele diz transmite uma verdade geral sobre a vida – uma verdade que Aquiles e Príamo reconhecem um no outro.

> ...quando afastaram de si o desejo por comida e bebida, então Príamo da linhagem de Dárdano olhou com surpresa para Aquiles, vendo como ele era enorme e bonito, pois se parecia com os deuses; e Aquiles também ficou surpreso com Príamo da linhagem de Dárdano vendo sua aparência nobre e ouvindo-o falar.

Depois de profanação, fome, sede e exaustão, esses dois homens compartilham uma refeição e, na calma que se segue, olham um para o outro. Eles até "se comprazem em olhar um para o outro", superando seu sofrimento pessoal. O momento não dura: Aquiles oferece uma cama, mas Príamo só dorme nela por pouco tempo – ele acorda no meio da noite, repentinamente ciente de que está rodeado pelo inimigo, e volta para casa sob proteção divina.

Figura 10. Sarcófago de mármore retratando o rei Príamo implorando a Aquiles que devolvesse o corpo do seu filho, século II d.C. (*Ilíada* 24.477-9). Sarcófago romano de Tiro, no Líbano, c. 225-35 d.C.

A *Ilíada* não termina com o encontro entre Aquiles e Príamo: a última palavra pertence às mulheres de Troia. No funeral de Heitor, que fecha o poema, os lamentos rituais delas repetem um tema essencial: a dependência delas do homem que tinha acabado de ser morto. Esse é um tema que Aquiles, em sua grande ira, tem dificuldade para compreender. Da perspectiva das mulheres de Troia, pelo contrário, é dolorosamente óbvio que as pessoas só podem florescer se cuidarem umas das outras.

6.
UM POEMA SOBRE TROIA

Por mais que a palavra "ira" dê início à *Ilíada*, e anuncie seu tema, o poema não trata apenas da raiva destrutiva de Aquiles. Seu título antigo (atestado pela primeira vez em nossas fontes no século V a.C.) promete "um poema sobre Troia", ou Ílio, outro nome da cidade. Como observa Aristóteles em sua *Poética*, a *Ilíada* se concentra apenas numa pequena parte da Guerra de Troia, um punhado de dias: não inclui a queda da cidade, nem mesmo a morte de Aquiles. Mesmo assim ela consegue se tornar *o* poema sobre Troia. Esse não pode ter sido um feito fácil, uma vez que sabemos que muitos outros poemas sobre a Guerra de Troia circularam na Antiguidade. Como já foi falado no capítulo 2, as técnicas usadas para compor a *Ilíada* foram aperfeiçoadas durante um longo período de tempo com o propósito de compor e recompor histórias épicas diante de plateias ao vivo: o ponto da "economia formular" (a surpreendente característica da poesia homérica identificada pela primeira vez por Parry) é que ela ajudava no processo de composição de improviso. Em resumo, era possível compor muitos poemas diferentes usando as mesmas expressões pré-fabricadas e estruturas narrativas também empregadas na *Ilíada*. Podemos, por isso, deduzir, só com base na *Ilíada*, a existência de uma rica tradição de poesia oral.

Também sabemos de poemas de verdade que tratam de fases anteriores e posteriores da Guerra de Troia: em algum momento esses poemas foram organizados em um "ciclo" em torno da *Ilíada* e da *Odisseia*, e funcionavam como prequelas e sequelas delas. Ainda temos fragmentos desses poemas cíclicos, assim como sumários úteis das tramas fornecidos por Proclo (século V d.C.). Podemos usá-los para localizar a *Ilíada* numa tradição poética mais ampla, mas caracterizar a relação com outros poemas sobre Troia continua sendo uma tarefa difícil.

No nível dos detalhes, é frequentemente impossível estabelecer se uma passagem específica na *Ilíada* alude a uma história já conhecida das suas plateias mais antigas, ou se representa um estímulo inicial para histórias que se desenvolveram em épocas posteriores. Um exemplo pode servir para ilustrar esse ponto: quando Heitor encontra sua mãe, Hécuba, no Canto 6 da *Ilíada*, ele expressa uma profunda raiva e frustração com o comportamento de seu irmão Páris, que sequestrou Helena e causou a Guerra de Troia: até deseja que ele estivesse morto. Seria duro para qualquer mãe ouvir um filho desejar a morte de outro, mas as palavras de Heitor podem ser particularmente dolorosas para Hécuba se considerarmos que, segundo uma história atestada para nós em fontes mais tardias, ela na verdade salvou Páris, ainda bebê, de ser morto depois que uma profecia predisse que ele causaria a queda de Troia. Talvez a história já fosse conhecida para as primeiras plateias da *Ilíada*; ou, talvez, ela tenha aparecido em torno do poema, tornando-o com isso mais incisivo e mais alusivo com o passar do tempo. Quaisquer que sejam os detalhes e a cronologia exata desse caso particular, a *Ilíada* claramente se refere a uma tradição mais ampla relativa à queda de Troia – e, ainda assim, não depende, para obter seu efeito, de plateias que reconheçam alusões específicas.

Mais do que recompensar leitores eruditos que percebem até as referências mais oblíquas, a *Ilíada* cria uma poética de inclusão, e isso ajuda a explicar seu amplo apelo. Na relação com a tradição mais abrangente sobre a Guerra de Troia, ela executa um malabarismo cuidadoso. Em um nível, reivindica só uma pequena parcela da história, como diz Aristóteles: a ira de

Aquiles, alguns dias rumo ao fim da guerra. Em outro, no entanto, busca abranger toda a saga de Troia em seu estreito âmbito.

    Há muitas maneiras pelas quais a *Ilíada* se estabelece como o "poema sobre Troia" definitivo. Em sua estrutura, ela evoca tanto o início quanto o fim da guerra. A disputa por Briseida, no primeiro Canto, espelha a própria causa da guerra, uma vez que ela também começa com uma briga entre dois homens, Menelau e Páris, pela posse de uma mulher, Helena. O "Catálogo das Naus", no Canto 2, age como um lembrete da expedição a Troia: ele apresenta os contingentes aqueus, começando em Áulis, o lugar onde eles se reuniram antes de zarpar para Troia (ver o mapa e a discussão nas pp. 73 ss.). O Canto 3 apresenta Helena e seus dois maridos, e reflete explicitamente sobre a origem do conflito. O Canto 4 mostra como uma disputa por causa de uma mulher pode se tornar uma guerra. No Canto 5 a luta se acirra e os deuses se envolvem. O Canto 6 nos leva para dentro da cidade de Troia, e para o coração da família de Heitor. Os Cantos seguintes descrevem a luta sem trégua entre aqueus e troianos, interrompida pela fracassada comitiva enviada a Aquiles no Canto 9, e a sedução de Zeus no Canto 14.

    A luta continua – matança após matança após matança – até que Pátroclo morre e Aquiles em pessoa volta ao campo de batalha. Nesse ponto, o ritmo da narrativa muda. Cenas típicas de armamento na *Ilíada* ocupam poucas linhas, mas aqui quase metade do Canto 18 é dedicada à nova armadura de Aquiles. Da mesma forma, os incontáveis duelos descritos no poema culminam no extenso confronto final entre Aquiles e Heitor, que toma todo o Canto 22. A longa narrativa do Canto 23 da *Ilíada* descreve o funeral de Pátroclo e os jogos atléticos que os aqueus realizam em homenagem a ele: o poeta usa esse episódio para explorar, com humor e indiretamente, várias tensões no acampamento aqueu – e a entre Aquiles e Agamêmnon não é das menores delas (Aquiles dá a Agamêmnon o primeiro lugar em arremesso de dardo sem deixá-lo competir: "nós já sabemos o quanto você é melhor do que todo mundo"). Por fim, no Canto 24,

Príamo recupera o corpo de Heitor, e o melhor guerreiro de Troia é cremado e sepultado. A morte de Heitor simboliza a queda da cidade inteira, como o poeta diz literalmente: "era como se toda a extensa Ílio estivesse agora fumegando | inteira em fogo, de cima a baixo".

Além de abranger a guerra toda aludindo a eventos passados e futuros, outra forma pela qual a *Ilíada* consegue abranger toda a Guerra de Troia é através de suas extensas narrativas de batalha, que parecem abarcar o conflito inteiro, ainda que descrevam a matança de apenas uns poucos dias. O grosso do poema é dedicado à ação no campo de batalha, e isso é inquietante – não só porque a matança é incessante e repetitiva, mas também porque ela é terrível. Feridas são descritas em detalhes dolorosos: uma lança penetra "entre os genitais e o umbigo, um lugar onde a morte é a mais dolorosa para mortais", outra atinge "o coração", e balança por um tempo no ritmo do pulso do homem moribundo; uma espada corta um fígado, "enquanto sangue escuro enche o colo do homem". As descrições são explícitas, mais do que grotescas. Provas médicas confirmam que as feridas de Homero são acuradas: até a arma que balança com a batida do coração está documentada em registros clínicos modernos. As mortes homéricas, ao que parece, têm suas raízes mais na experiência do que numa fantasia horripilante.

Cada homem morre de um jeito particular. Cada qual tem um nome, uma família, e uma vida específica que foi interrompida. Não há "soldado desconhecido" em Homero: cada baixa é nomeada. Normalmente outros detalhes também são acrescentados – no mínimo o patronímico, o nome do pai do homem. Em alguns casos somos informados de que o pai específico em questão ainda está vivo:

> Recuando, Meríones disparou uma flecha com ponta de bronze contra Harpálion e o acertou na nádega esquerda; a flecha passou direto pela bexiga dele e saiu sob o osso púbico.
> Harpálion caiu ali mesmo e expirou seu espírito nos braços de

seus companheiros, deitado de comprido sobre a terra como uma minhoca; e o sangue escuro escorreu e ensopou o chão.

Os paflagônios, de bom coração, se ocuparam dele e, pondo-o em um carro, carregaram-no à sagrada Ílio, lamentando, e com eles foi o pai, chorando lágrimas. Não houve compensação para a morte de
[seu filho.

Projetos e relacionamentos são interrompidos pela morte. Protesilau, o primeiro guerreiro aqueu a desembarcar em solo troiano, é morto na hora e deixa para trás uma jovem esposa numa "casa semiconstruída". Axilo, morto por Diomedes, "vivia em Arisbe, ao lado da estrada principal, e recebia todo mundo, no entanto, nenhum de seus hóspedes pôde salvá-lo". A mãe de Licáon não pode lavá-lo, pô-lo em um esquife e velá-lo porque seu corpo é atirado em um rio e "peixes lambem suas feridas sem nenhuma consideração".

O poeta dá apenas alguns detalhes breves – mas temos a impressão de que ele poderia nos dizer mais. Assim como com as alusões homéricas em geral, não há distinção precisa entre tradição e inovação quando se descreve a vida e a morte de guerreiros individuais. No caso de alguns homens, as plateias podem saber mais do que o poeta decide contar (como Protesilau, por exemplo). No caso de outros, parece que o poeta os traz à vida precisamente no momento em que são mortos: não é necessário supor que Axilo, por exemplo, fosse conhecido de outros poemas épicos. O efeito geral, em todo caso, é o mesmo. Quer o poeta lance mão de alusão ou invenção, ficamos dolorosamente conscientes de que toda morte é a perda de um homem específico, sobre o qual haveria mais a saber.

A poesia se torna um modo de prestar homenagem aos mortos na guerra: Alice Oswald capta esse aspecto da poesia homérica em seu poema "Memorial" – uma reformulação da *Ilíada* na forma de uma lista de baixas. Às vezes o poeta oferece uma imagem memorável:

Ájax, filho de Télamon, feriu Ímbrio com sua longa lança abaixo do ouvido; ele arrancou a lança, e Ímbrio caiu como um freixo que é derrubado pelo bronze sobre um alto pico de montanha e espalha suas tenras folhas pelo chão abaixo.

O erudito bizantino Eustácio atesta uma longa tradição de comentários sobre esses versos: "A comparação é comovente", diz ele, "o poeta fala como se simpatizasse com a árvore: assim dizem escritores mais antigos". Simpatia pela árvore também significa simpatia pelo homem caído. Em outros momentos o poeta dá apenas uma descrição factual, como "os filhos de Antenor, pelas mãos do rei Agamêmnon", e ainda assim o sentido de perda é perceptível. No nível da estrutura narrativa, cada morte cumpre o plano de Zeus. Cada baixa aqueia argumenta a favor de Aquiles junto a Agamêmnon. Mas, em outro nível, as cenas de batalha são tão extensas, e as mortes tão numerosas, que o poema acaba por representar a totalidade da Guerra de Troia.

Assim como as cenas de batalha, as questões morais exploradas na *Ilíada* são tanto gerais como específicas. Aquiles pergunta se alguma quantidade de reconhecimento pode compensar a morte. Sua pergunta tem uma força especial, já que só ele sabe com certeza que pode ter ou glória ou uma vida longa. Outros homens podem esperar ambos, e, mesmo assim, eles também enfrentam a possibilidade da morte ao entrar no campo de batalha. Eles também precisam perguntar que motivos têm para arriscar suas vidas. Para alguns, a resposta é direta: eles lutam para defender seus lares. Para outros, a situação é menos clara. Glauco e Sarpédon, por exemplo, entram na guerra como aliados vindos da distante Lícia. Num discurso famoso, Sarpédon explica por que eles deveriam enfrentar o perigo, em vez de desfrutar de uma vida confortável em casa:

> Glauco, por que somos nós dois especialmente honrados na Lícia com os melhores assentos e cortes de carne, e taças de vinho sempre cheias, todos os homens nos olham como se fôssemos

deuses; e nós desfrutamos de uma enorme propriedade, separada
ao lado das margens do Xanto, boa terra de pomares e terra arável
[que dá trigo?
É por isso que temos agora que tomar posição na primeira linha
dos lícios, e enfrentar o calor escorchante da batalha,
de modo que entre os bem arnesados lícios homens possam dizer:
"Certamente esses que reinam na Lícia não são sem glória,
esses nossos reis, que comem pingues carneiros e bebem
vinhos selecionados doces como o mel. Também há nobre valor
neles, parece, porque lutam nas primeiras linhas dos lícios".
Meu caro amigo, se nós dois pudéssemos escapar desta guerra
e tivéssemos certeza de viver para sempre, sem idade e imortais,
eu não lutaria nas primeiras linhas, nem
mandaria você para a batalha onde os homens adquirem glória;
mas agora, já que, o que quer que aconteça, os espectros da morte
estão sobre nós aos milhares, dos quais nenhum mortal pode fugir
ou escapar, vamos em frente, e dar glória a outro homem
[ou ele a nós.

Honra e glória dependem da habilidade de lutar na primeira linha de batalha. Mas só faz sentido lutar porque a morte é o que espera os mortais, de qualquer jeito, e em todos os casos. A expressão de Sarpédon daquilo que os estudiosos chamam de "código heroico", a troca de coragem por prestígio social, é baseada na mortalidade – e se aplica a todos os guerreiros, mesmo que o caso de Aquiles teste seus limites, já que ele sabia com certeza que não poderia tanto entrar no campo de batalha como sobreviver à guerra.

Fora o "código heroico", há também outro código que caracteriza tanto a Guerra de Troia quanto a situação específica de Aquiles. Espera-se dos líderes que cuidem de seu povo: eles são chamados até de "pastores do povo" numa fórmula homérica padrão. Mais uma vez, Aquiles testa os limites desse "código do povo". Os primeiros versos da *Ilíada*, afinal de contas, apontam para um escândalo: ele inflige "incontáveis agonias" aos aqueus, os homens ao lado dos quais devia estar lutando. Em sua ira, Aquiles planeja a destruição de seu próprio lado; outros líderes na *Ilíada*, ao contrário, perdem seus povos por incompetência, egoísmo, ou mesmo um sentimento de vergonha. Os insultos de Agamêmnon causam uma praga, e seu tratamento injusto de Aquiles leva a terríveis perdas no campo de batalha. Enquanto isso, do outro lado, Heitor não consegue proteger sua cidade e, em vez disso, é morto. Líderes fracassam na *Ilíada* e as pessoas morrem como resultado. As plateias homéricas devem ter apreciado as grandes histórias dos que lutaram em Troia, mas também sentido um grande alívio por não estarem de fato lutando sob o comando de um Agamêmnon, ou de um Aquiles, ou mesmo de um Heitor – por mais que o último, ao menos, tivesse mesmo um claro sentimento de responsabilidade em relação a seu povo.

As ruínas de Troia avultavam a costa da Ásia Menor no século VIII a.C. e haveriam de inspirar muitas histórias épicas diferentes sobre a cidade e sua destruição (ver capítulo 3). Entre essas histórias, a *Ilíada* se tornou o "poema sobre Troia" por diversas razões. Ela explora intensamente a liderança e seus fracassos – e nesse sentido é um poema bem político. Mas ela também é um poema existencial: enfrenta a morte, matança após matança, vítimas após vítima, perda após perda, e assim convida a uma reflexão clara sobre o valor da vida.

7.
A TRAGÉDIA DE HEITOR

Estruturalmente, a morte de Heitor torna-se um símbolo da queda de Troia, mas a *Ilíada* não nos permite vê-la apenas dessa perspectiva geral. O poema explora como o próprio Heitor acaba percebendo que está prestes a morrer. Aquiles tem que escolher entre a glória e uma vida longa, e Pátroclo morre de repente, sem nunca se dar conta do que foi que o atingiu. É só pela figura de Heitor que nos é mostrado em detalhe o que significa aproximar-se cada vez mais da morte. Não é uma coincidência: assim como na tragédia grega, em que a plateia precisa de um certo distanciamento crítico para se confrontar com seus piores medos, assim também a *Ilíada* nos faz experimentar a aproximação da morte focando um personagem troiano, em vez de um dos aqueus. Há também outros modos pelos quais a história de Heitor parece uma tragédia. Ele é um personagem admirável, e ainda assim tem falhas, inclusive seu sentimento agudo de vergonha. Ele merece simpatia, mas ainda assim os deuses o abandonam. Acima de tudo, o poeta nos dá um acesso sem precedentes a seu estado mental, e contrasta sua esperança com o que nós já sabemos que vai acontecer com ele.

Do ponto de vista das plateias homéricas, nunca houve nenhuma dúvida de que Troia cairia, de que Heitor morreria, de que o próprio Aquiles morreria pouco depois. A inspiração divina do poeta – sua habilidade para conhecer o passado, o presente e o futuro – trabalha junto com o conhecimento da plateia sobre a tradição poética a que a *Ilíada* pertence. Embora essa tradição seja flexível, e seus contornos maleáveis, alguns fatos básicos nunca estão em dúvida. Do ponto de vista dos personagens dentro da história, a situação é diferente. Eles podem prever a queda da cidade e temer sua morte iminente, mas o futuro não está inteiramente determinado: mesmo Aquiles ocasionalmente se engana, alegando que ainda pode escolher viver até uma idade madura.

Figura 11. A morte de Aquiles pintada em um vaso de figuras vermelhas, Pintor dos Nióbidas, c. 460 a.C. Páris atira uma flecha e Apolo a dirige até o calcanhar de Aquiles.

A distância entre o que nós sabemos – quer o chamemos de fado ou tradição épica – e o que os personagens esperam e temem é expressada com especial força no fim do poema, quando Heitor e Aquiles enfrentam um ao outro em combate individual. Até o último momento, Heitor espera contra toda esperança que possa matar Aquiles: é esse estado mental que lhe dá força para parar de correr e desafiar o melhor dos aqueus. Para Heitor, então, o futuro se mantém ao menos marginalmente aberto, até que Aquiles impulsiona sua arma para dentro de seu corpo, "entre a clavícula e o pescoço". É só então que ele vê o que vai acontecer com uma clareza profética, e diz a seu oponente que ele também logo será morto por Páris e Apolo. Fontes posteriores completam os detalhes: Aquiles será morto por uma flecha atirada por Páris e guiada por Apolo até seu calcanhar vulnerável (ver Figura 11).

As palavras de Heitor são precisas e finais: reconhecemos imediatamente que são verdade. Aquiles, ao contrário, dispensa-as sem mais: "você morre agora: quanto à minha morte eu a aceitarei quando quer que Zeus | e os outros deuses imortais decidam entregá-la".

Como a previsão de Heitor, as palavras de Aquiles são também imediatamente reconhecíveis para nós: neste caso, elas não são proféticas, mas falivelmente humanas. Estamos todos preparados para acreditar que haveremos de morrer "quando quer que"; o que não queremos saber é exatamente quando ou como. Como todos os mortais, Aquiles precisa se agarrar a esse desconhecimento do futuro. Ainda assim, na *Ilíada*, é sobretudo através de Heitor que experimentamos tanto a futilidade como a importância da esperança.

Já no Canto 6, quando Heitor encontra sua mulher Andrômaca, se nos mostra quão necessário é imaginar que as coisas podem ser diferentes e melhores no futuro. Neste ponto da narrativa, apesar da promessa de Zeus a Tétis, os troianos estão perdendo feio, e a queda da cidade parece iminente. Heitor junta os soldados e consegue parar o recuo desanimador dos troianos; ele, então, corre para dentro da cidade para assegurar que as mulheres contribuam com o esforço de guerra: elas devem suplicar, fazer uma oferenda e prometer um sacrifício a Atena. A expedição de Heitor à cidade é apresentada como um teste de sua determinação. Ele precisa entregar sua mensagem depressa e voltar ao campo de batalha o mais rápido possível, dado o quanto seu exército precisa desesperadamente dele. Ao entrar na cidade, no entanto, ele é imediatamente detido por uma multidão de mulheres perguntando-lhe sobre seus entes queridos: o poeta nos conta, num aparte, que muitas já são viúvas ou órfãs sem saber, mas Heitor se recusa a dar informações específicas, e fala para todas elas rezarem.

Figura 12. Heitor despedindo-se de Andrômaca, Angelika Kauffmann. Quando Kauffmann expôs a pintura em 1769, foi acusada de transformar o herói troiano em "um jovenzinho melancólico que usa o elmo desconfortavelmente". A *Ilíada* já dramatiza o risco que as mulheres representam para a determinação marcial de Heitor.

Logo ele encontra suas próprias parentes e elas também tentam detê-lo. Sua mãe Hécuba oferece vinho, alegando que vai fortalecê-lo, considerando como ele está cansado; mas Heitor recusa e segue em frente, dizendo que o vinho iria na verdade solapar sua força. Ele, então, corre para ver seu irmão Páris, e diz a ele que volte ao campo de batalha (ele esteve na cama com Helena). Enquanto ele espera Páris se aprontar, Helena se dirige a Heitor em tom de profundo arrependimento: ela deseja ter morrido na infância; mas, acrescenta, visto que está viva e em Troia, queria ao menos ter um marido melhor – alguém responsável e corajoso, em vez do inútil Páris, que não é muito bom da cabeça. Depois convida Heitor a sentar-se um pouco com ela e descansar, visto o quão incansavelmente ele luta por causa dela. Heitor recusa o convite, alegando de repente que, na verdade, tem que ir ver sua própria mulher.

Depois dos perigos do vinho e da sedução, Heitor enfrenta agora sua mais dura prova: o desespero de Andrômaca. Ele não a encontra em casa, e presume que ela deve ter ido ver alguns parentes, ou ao templo ("motivos respeitáveis para deixar a casa", como diz um comentador antigo). A caseira o desengana dessa ideia: Andrômaca correu para a muralha, louca de ansiedade, para verificar o campo de batalha e assegurar-se de que Heitor ainda vivia. Uma ama correu atrás dela carregando o bebê Astíanax. Heitor então deixa a casa e corre pelas ruas da bem construída Troia rumo ao campo de batalha. Andrômaca o intercepta nas portas Ceias (ver a Figura 12, uma influente representação do encontro deles).

Quando sua mulher, seu filho e a ama ficam diante dele, Heitor volta seu olhar para o bebê e "sorri em silêncio". Andrômaca, por sua vez, dirige-se a ele de um modo que lembra as convenções de um lamento fúnebre: ela lhe diz o que vai acontecer a ele, a ela e ao bebê Astíanax – caso ele vá lutar. Do nosso ponto de vista, ela prenuncia o fim do poema, já que a *Ilíada* termina precisamente com o lamento fúnebre de Heitor. Da perspectiva dela mesma, no entanto, ela ensaia um futuro possível, só para propor uma alternativa:

> Heitor, você é meu pai e minha venerada mãe
> e meu irmão, e você é meu terno marido;
> vamos, tenha piedade de mim, e fique aqui nesta torre, e
> não torne seu filho um órfão e sua mulher uma viúva.
> Ponha o povo atrás da figueira, onde a cidade
> é mais facilmente escalada e a muralha aberta a assalto –
> três vezes os melhores homens deles fizeram uma tentativa ali.

Leitores antigos expressaram seu ultraje pela sugestão de Andrômaca, e deve-se dizer que ela viola a própria linguagem da épica. Os líderes homéricos, como já foi exposto, deveriam agir como bons pastores e proteger seu povo, não o transformar em escudo humano para Troia enquanto ficam dentro em segurança. Um crítico antigo comentou: "Andrômaca dá um conselho antimilitar a Heitor". Outro crítico a defendeu, alegando que seu discurso era "típico não de mulheres, mas típico dela ... porque ela ama Heitor". Em suas notas sobre a *Ilíada*, Alexander Pope concorda com este último comentário e observa que Andrômaca não fala como soldado, mas como uma mulher que tenta manter seu marido em segurança perto dela envolvendo-o numa conversa sobre tática.

Heitor, em todo caso, recusa-se a se deixar levar pelos detalhes do plano de Andrômaca: alega simplesmente que "todas essas coisas" estão em sua mente também, e então declara que tem que voltar ao campo de batalha. Seus motivos têm o peso da tradição por trás deles: ele sentiria vergonha (*aidōs*) diante dos homens e mulheres de Troia, se ficasse dentro da cidade; e não quer fazer isso, de qualquer jeito – ele aprendeu a lutar na linha de frente da batalha, e ganhar grande glória (*kleos*) para seu pai e para si mesmo. A escolha não é entre a vida e a morte, mas entre uma morte covarde e uma morte gloriosa:

> Pois sei bem em minha mente e em meu coração
> que o dia chegará em que a sagrada Troia será destruída,
> e Príamo e o povo de Príamo da fina lança de freixo.

Heitor tem de lutar, não para salvar Troia, mas justamente porque sabe que Troia vai cair de qualquer jeito. Através das palavras de Heitor, as sugestões de Andrômaca sobre tática revelam ser o que são: tentativas vãs de construir futuros alternativos. Diante da destruição iminente, o que importa para Heitor é morrer bem, e ser lembrado por isso. Ele até projeta Andrômaca no futuro, pondo-a no papel de seu memorial vivo: um dia ela será uma escrava, e carregará água para alguma outra mulher; os passantes vão apontar sua figura lacrimosa e se lembrar de que ela um dia foi "a mulher de Heitor, o maior dos troianos domadores de cavalos, quando eles lutaram em torno de Ílio". A dor dela, em resumo, vai se tornar a futura glória dele. Ao expressar esse pensamento, Heitor finalmente desaba: admite que preferiria estar morto a testemunhar o sofrimento futuro de sua mulher. Em sua própria fala, Andrômaca acusou Heitor de estar numa missão de morte ("sua própria coragem vai matar você"), e Heitor agora confirma isso, uma vez que conclui seu discurso dizendo preferir estar morto a vê-la arrastada ao cativeiro.

Depois dessa confissão, Heitor não consegue olhar nos olhos da mulher, e novamente volta o olhar ao filho bebê. Tenta pegá-lo no colo, mas o menino chora com força e se retrai no colo da ama, "aterrorizado com a visão de seu querido pai, | o bronze e o penacho de crina de cavalo | no topo de seu elmo, uma coisa aterradora". Heitor e Andrômaca riem alto. Um escoliasta comenta que "em tempos difíceis, até os menores incidentes podem causar riso". Então Heitor tira o elmo e o põe no chão, depois pega seu bebê no colo, revira-o em seus braços e pronuncia uma oração na intenção dele. O gesto é familiar: todos já vimos pais erguerem seus filhos e fazê-los dar gritinhos com um misto de medo e animação. Heitor se comporta exatamente como qualquer pai. E, ainda assim, seu gesto é um arrepiante lembrete visual do que vai acontecer em breve com Astíanax: depois da queda de Troia um outro soldado aterrador (um soldado aqueu, desta vez) vai pegar o bebê e, em vez de jogá-lo com amor em seus braços, vai atirá-lo das muralhas de Troia, esmagando-o no chão lá embaixo. A superposição do último gesto amoroso de Heitor com o ato fatal do inimigo produz o mesmo efeito que as últimas palavras de Aquiles para Heitor. Reconhecemos nossas próprias esperanças humanas e, simultaneamente, recordamos o fim específico e brutal daqueles que morreram em Troia.

Enquanto somos lembrados da morte iminente de Astíanax, Heitor imagina um futuro brilhante para seu filho. Embora tenha acabado de declarar que Troia vai cair, agora que segura seu filho bebê nos braços, não pode fazer nada senão ter esperança. Ele suplica que um dia o filho seja mais forte do que ele, que traga para casa o espólio do inimigo, e que Andrômaca, finalmente, seja feliz. Não há, na verdade, nenhuma indicação de que Andrômaca goste da perspectiva de mais guerras. Quando Heitor entrega o bebê Astíanax de volta para ela, ela sorri e chora ao mesmo tempo. Quando volta para casa, comunica a suas servas o desejo de fazer luto por Heitor, embora ele ainda esteja vivo (um comentador antigo observa corretamente que esse comportamento está "fora da norma", é um mau agouro). Mais tarde, quando Heitor morre, Andrômaca repete sua avaliação inicial: ele foi morto por sua própria coragem excessiva. Ela gostaria que ele morresse em paz em sua própria cama, segurando a mão dela e dizendo-lhe alguma palavra final sábia pela qual ela pudesse se lembrar dele: essa era sua visão preferida do futuro, não mais guerras. O inimigo está além da visão de mundo de Andrômaca: tudo o que ela vê, tudo o que ela pode ter esperança de influenciar é o comportamento de Heitor. Do ponto de vista dela, portanto, é a própria determinação dele em lutar que a deixa viúva.

Até certo ponto, a narrativa confirma a análise de Andrômaca: no Canto 22 o poeta nos dá um acesso sem precedentes aos pensamentos de Heitor enquanto ele se prepara para enfrentar Aquiles no campo de batalha. Todos os outros troianos se protegeram dentro da cidade, fugindo "como veadinhos" diante da ofensiva de Aquiles. Só Heitor permanece do lado de fora, plantado diante das portas Ceias, "como uma cobra cheia de veneno diante de sua toca". Ficamos sabendo o que ele pensa, plantado lá enquanto o "robusto Aquiles se aproxima". Troianos demais já morreram, ele sabe. Seria vergonhoso para ele voltar para a cidade. Alguém iria dizer que ele tinha "destruído seu povo" (e aqui ouvimos a força do "código do povo"). Melhor matar Aquiles ou morrer na planície –

do que encarar a vergonha das críticas em casa. Mas talvez ele possa apenas encostar sua lança na muralha e tentar barganhar com Aquiles, oferecer a ele Helena e muitos outros presentes. Mas não, Aquiles não o respeitaria por isso, ele o mataria ali mesmo, desarmado como uma mulher. Agora é a hora de lutar, conclui ele.

Apesar de sua determinação, quando Aquiles para diante dele, brande sua lança, e brilha como o sol nascente, Heitor vira nos calcanhares e corre. Aquiles vai atrás, confiando em seus pés velozes. Eles passam pelo bastião, pela figueira, a estrada das carroças, as fontes onde as mulheres costumavam lavar roupa, muito tempo atrás, quando o lugar era seguro, antes da guerra. Aquiles e Heitor são como dois atletas competindo pelo mesmo prêmio, "a vida de Heitor, domador de cavalos". Eles são como dois homens em um sonho, um correndo e o outro indo atrás, para sempre, num círculo interminável. Três vezes eles correm em volta da cidade, mas, na quarta, Atena intervém. Ela toma a aparência de Deífobo, o irmão preferido de Heitor, e para ao lado dele. Heitor ganha coragem, achando que não está mais sozinho, e o enfrenta.

Aquiles, então, atira sua lança, e erra. Atena sub-repticiamente a devolve a ele. Heitor atira em seguida, e "não erra seu alvo" – só que a lança ricocheteia no escudo de Aquiles e cai longe. Heitor, então, grita para seu irmão que lhe empreste sua lança, mas Deífobo, de repente, "não está com ele". Heitor, então, se dá conta de que está sozinho, que os deuses o abandonaram, que a morte é tudo o que resta. O sentimento de isolamento é especialmente devastador porque ele sempre esteve no coração de uma comunidade, cuidando dos outros. Diferente de Aquiles, que na maior parte da *Ilíada* parece preocupado só consigo mesmo, Heitor tem um grande senso de responsabilidade, e é frequentemente motivado pelo que os outros pensam dele. E, assim, mesmo nesse momento, de cara com a morte, busca contato humano. Ele se volta para nós, gerações futuras que vão ouvir sobre seu *kleos*, sua glória, seu canto épico, e oferece-nos algo pelo que vamos nos lembrar dele:

> Agora de fato a terrível morte está próxima, não mais distante,
> e não há escapatória. Então, afinal, isso é o que Zeus e seu filho
> que Atira de Longe há tanto tempo querem, eles que antes disso
> se alegravam em me proteger. Agora meu destino me alcançou.
> Que ao menos eu não morra sem luta e sem glória,
> mas só depois de fazer algo grande para as futuras gerações
> [ouvirem.

PARTE III
A *Odisseia*

8.

O HOMEM DE MUITAS GUINADAS

Andra, a primeira palavra da *Odisseia*, anuncia um poema sobre "homem", e de alguns modos essa é uma história sobre o Homem pura e simplesmente. A busca do protagonista pelo conhecimento, suas viagens, seu sofrimento, e sua determinação de voltar para a mulher e o filho são todos temas de importância universal: a *Odisseia*, como a *Ilíada*, busca definir o que significa ser humano. Mas a *Odisseia* é também a história de um homem muito específico e desconcertante. É difícil saber o que achar dele, ou mesmo determinar com precisão sua identidade: conforme o poema se constrói, verso após verso, são-nos dados diversos detalhes sobre seu protagonista, mas nunca se nos diz seu nome. Que estamos lidando com uma *Odisseia*, um "poema sobre Odisseu", é, portanto, algo que temos que elaborar por nós mesmos conforme ouvimos o poeta:

> Conte-me, Musa, do homem de muitas guinadas, que foi empurrado
> para longe depois de ter saqueado a cidade sagrada de Troia.
> Muitos foram os homens cujas cidades ele viu, e cujas mentes ele
> aprendeu, e muitos foram os sofrimentos no mar aberto que ele
> suportou em seu coração, lutando por sua própria vida e pela volta
> [ao lar de seus companheiros.
> Mesmo assim não os pôde proteger, embora tenha desejado,
> já que eles morreram por causa de seu próprio descuido,

os tolos, porque comeram o gado de Hipérion, o deus-Sol,
e ele levou o dia de sua volta ao lar. Conte-nos essa
história também, começando de algum lugar, deusa, filha de Zeus.

O primeiro adjetivo caracteriza nosso homem como *polytropos*, "de muitas guinadas" – uma palavra que sugere guinadas e viagens, mas também guinadas e truques da mente. Busca por conhecimento e viagem no espaço andam juntos: "muitos foram os homens cujas cidades ele viu, e cujas mentes ele aprendeu". Ainda assim, há uma incerteza quanto ao peso dado a cada aspecto. Talvez este seja um poema que traça o aprendizado e o desenvolvimento de Odisseu, sua jornada em direção a um objetivo específico. Ou talvez seja simplesmente um poema sobre sobrevivência, e neste caso o protagonista passa por uma série de provações e aventuras, "guinadas" nesse sentido, e consegue se manter imutável por todas elas. Retorno e sobrevivência, em resumo, não são a mesma coisa: retorno significa atingir um fim; sobrevivência, pelo contrário, nega totalmente a morte.

Dependendo de como vemos sobrevivência e retorno se desenrolar na *Odisseia*, as experiências mudam – não apenas para Odisseu, mas também para aqueles que ouvem sua história. Se lermos o poema como o conto de um homem que rejeita a imortalidade oferecida pela divina Calipso e em vez disso decide voltar para casa, para sua mulher mortal na rochosa Ítaca, há lições para aprender sobre o que significa ser humano, e as muitas limitações que isso implica. Mas se essa é uma história de sobrevivência, na qual nosso herói sempre dá um jeito de continuar vivo, a despeito de sofrer as mais improváveis e terríveis experiências, então talvez o ponto não seja tanto aprender, mas fruir. Desnecessário dizer que a *Odisseia* oferece tanto prazer como percepção, uma história tanto de sobrevivência como de retorno. Equilibrar esses dois elementos, no entanto, sempre demanda engenho, e Odisseu mesmo é um personagem engenhoso.

Da mesma forma que é *polytropos*, "de muitas guinadas", ele é também *polymēchanos*, "de muito engenho", *polymētis*, "de muitos conselhos", e *polytlas* "muito sofredor". Esses adjetivos multifários são combinados com símiles que o descrevem: Odisseu é comparado a uma gama de animais maior do que qualquer outro herói épico. Como discuti no capítulo 2, quando ele encara Nausícaa na praia, parece um leão voraz marcado pelas intempéries – uma aparência problemática, dado que ele precisa convencê-la de que é inofensivo. Há outras aparições incongruentes. Logo antes de encontrá-la, e depois de seu segundo naufrágio, ele tenta se agarrar a uma rocha:

> Como quando um polvo é arrastado de seu esconderijo,
> e cascalho se agarra em grossos cachos a suas ventosas,
> assim a pele foi arrancada das mãos intrépidas de Odisseu e grudaram na pedra; e uma onda enorme escondeu-o da vista.

Mais à frente no poema, ele conta aos feácios como sobreviveu a Cila e Caríbdis, depois de Cila já ter comido alguns de seus marinheiros, e ele passava pelos monstros de novo nos parcos restos de seu navio naufragado:

> A noite toda flutuei, até que com o nascer do sol
> eu cheguei à rocha de Cila e da terrível Caríbdis.
> Caríbdis estava então sugando para baixo a água salgada,
> mas eu me balancei para o alto na direção de uma figueira alta,
> e segurei firme nela, agarrando-me como um morcego; e eu não
> [podia em parte alguma
> plantar meus pés firmemente nem subir nela, porque as raízes
> [estavam
> muito abaixo e os galhos pendiam muito acima de minha cabeça,
> os enormes, longos galhos, que sombreavam Caríbdis.
> Parado eu fiquei pendurado com determinação, até que ela
> [cuspisse para cima o mastro e a quilha
> uma vez mais. Esperei ansiosamente, e eles reapareceram, mas
> [muito mais tarde,
> à hora em que um homem, depois de julgar numerosas

[disputas entre jovens
homens batalhando por justiça, levanta-se da assembleia para ir
[jantar.
Esse foi o tempo que levou para as madeiras reaparecerem de
[Caríbdis.
Soltei minhas mãos e pés e caí lá de cima com um barulhento
mergulho no meio de sua piscina, errando as madeiras longas
mas subi nelas e usei minhas mãos para sair remando.

As coisas são assim, enquanto outros homens vão para casa jantar depois de um bom dia de trabalho, Odisseu se pendura "como um morcego" numa figueira que se projeta. Não admira que se mostre difícil reconhecê-lo.

Mesmo quando não é comparado a um animal improvável, Odisseu assume muitas aparências diferentes. Ele tem uma aparência "nojenta" para Nausícaa quando ela o vê pela primeira vez; mas, um pouco mais tarde, depois de ele ter tomado um banho – e Atena ter encorpado seu cabelo e alargado seus ombros – a garota acha que ele parece um deus. Penélope também, na primeira vez em que vê seu marido de novo, acredita que ele é apenas um mendigo de dar dó; enquanto, mais tarde, depois de ele ter matado os pretendentes, ela considera a possibilidade de que ele seja um deus vingador. É só aos poucos que ela começa a ver, ou admitir para si mesma, a semelhança entre o estrangeiro e seu marido de longa data.

Quanto ao cegado Polifemo, ele confunde Odisseu e seus homens com suas próprias ovelhas: depois de os apanhar dentro de sua caverna, o Ciclope deixa seu rebanho sair para o pasto, mas checa com os dedos para que nenhum homem escape. O que ele não percebe é que seus prisioneiros estão escondidos sob as ovelhas. Ele até supõe que seu carneiro lerdo está sobrecarregado com o peso do sofrimento por seu mestre cegado. Relembrando o episódio, Odisseu conclui triunfantemente: "ele estava sobrecarregado comigo e meus pensamentos ardilosos". (Esse verso, incidentalmente, é mais marcante em grego antigo, já que a palavra que Odisseu usa para "ardiloso" também significa "empacotado apertado" e, assim, pesado).

Talvez o mais ardiloso truque de Odisseu seja chamar-se "Ninguém" quando se apresenta para o perigoso Ciclope, fazendo assim seu nome combinar com sua aparência mutável e enganosa. Num ponto crucial da narrativa, Polifemo, cegado, diz a seus companheiros Ciclopes que "Ninguém o está matando", e assim não recebe ajuda. Mais tarde, quando Odisseu lhe diz quem realmente é, Polifemo se lembra de uma antiga profecia, e lamenta não ter reconhecido que o estrangeiro que apareceu em sua caverna era Odisseu. Mesmo assim, acrescenta, não apenas o homem disse que seu nome era Ninguém, mas "parecia um ninguém" também.

As aparições e desaparições de Odisseu não são só uma questão de truques de sua parte, ou ardilosos símiles da parte do poeta. Elas dão formato à própria existência de Odisseu e à trama da *Odisseia*. Ao se dirigir à Musa no início, o poeta pede à deusa para começar o conto de "algum lugar", e este é o lugar que ela escolhe: uma caverna, no meio do mar, lar da ninfa Calipso (uma ninfa cujo nome em grego soa bastante como o verbo "esconderei".) É uma caverna que, como foi mencionado no capítulo 3, não pode ser localizada num mapa. Todos os outros guerreiros que lutaram em Troia estão mortos ou em casa – exceto Odisseu, suspenso em algum lugar entre esses dois estados. Calipso oferece-lhe a imortalidade, mas isso implicaria continuar invisível, morto para todos os mortais que um dia o conheceram.

Os primeiros quatro Cantos da *Odisseia* dramatizam o que o estado de Odisseu como futuro marido de Calipso significa para sua família de verdade em casa, em Ítaca, equilibrados como estão entre a esperança e o desespero. Seu filho Telêmaco repetidamente declara que seu pai deve estar morto, mesmo quando sai em busca dele. Penélope, por seu lado, recusa-se a ouvir as canções de Fêmio sobre como os outros aqueus navegaram para casa: elas lhe recordam do único retorno que ainda não aconteceu, e pode nunca ocorrer.

Volta e meia Odisseu parece suspenso entre a vida e a morte: depois de deixar a ilha de Calipso ele chega à terra dos feácios (Cantos 6 a 12), e depois navega para casa em um de seus barcos mágicos – num estado descrito pelo poeta como "um doce sono muito similar à morte". Durante sua estadia com os feácios, Odisseu conta as histórias de suas viagens prévias (Cantos 9 a 12), e descobrimos que, no decorrer de suas várias aventuras, ele navegou até a terra dos mortos, conseguindo voltar vivo mesmo de lá. Foi no Submundo que o profeta Tirésias revelou a ele seu futuro: para aplacar Posídon, Odisseu teria que zarpar mais uma vez e viajar para uma terra onde as pessoas confundissem seu remo com um mangual. Essa terra, esse novo destino de Odisseu, fica além do alcance da poesia épica (ver capítulo 4). Assim, Odisseu deve sumir de vista novamente no que concerne às plateias homéricas.

A continuação profetizada dos truques e viagens de Odisseu, que estão para além do fim da *Odisseia*, sugere que a história não tem fim; que sempre há novas aventuras, mesmo que não saibamos sobre todas elas. Não é coincidência que Odisseu menciona a profecia de Tirésias apenas momentos antes de convidar Penélope para se juntar a ele na cama: por mais momentosa que seja a reunião deles, ela não representa o fim da história dele. Mesmo assim, nossa *Odisseia*, é claro, atinge uma espécie de fim, ainda que ele pareça moral e textualmente insatisfatório. Em sua *Poética*, Aristóteles resume o poema numas poucas pinceladas grossas e sugere um propósito claro e uma conclusão para ele: "Um homem está ausente de casa por muitos anos, é perseguido por Posídon e está totalmente só. Além disso, seus negócios em casa estão em tal estado que pretendentes estão consumindo seus recursos e conspirando contra seu filho. Então ele próprio, depois de ser jogado pela tempestade, chega, revela sua identidade a alguns, salva-se e destrói seus inimigos. Essa é a essência, o resto são episódios".

Não é assim que a *Odisseia* é entendida hoje: não há ênfase em conhecimento nem viagem no sumário de Aristóteles. Percepções modernas do poema foram sub-repticiamente influenciadas por muitas adaptações, incluindo as *Aventuras de Ulisses* (1808) de Charles Lamb, que transformou a *Odisseia* num conto de aventuras para meninos e se concentrou quase exclusivamente nas viagens de Odisseu. Aristóteles, ao contrário, presta muita atenção às proporções do relato homérico: na metade do poema, Odisseu já está de volta a Ítaca. A segunda metade da *Odisseia* (a metade que ninguém lê) descreve como ele retoma o controle de sua casa e de seu reino, massacrando os pretendentes de Penélope e os companheiros deles. Não é uma leitura confortável. As servas que dormiram com os pretendentes são enforcadas numa corda no quintal, como num varal: "os pés delas tremeram um pouco, mas não por muito tempo". De modo geral, o confronto com os pretendentes e os companheiros deles chega perto de se tornar uma guerra civil.

Nos versos finais da *Odisseia*, o povo de Ítaca se reúne em assembleia: metade deles apoia o rei que voltou, enquanto a outra metade se declara contra ele por ter matado os pretendentes, que também são seus filhos, parentes e amigos. O próprio Odisseu antecipa o problema numa conversa com Telêmaco:

> Sabemos que em qualquer comunidade se alguém mata um homem
> [que seja,
> mesmo um que não tenha grande número para vingá-lo depois,
> esse homem vai para o exílio, abandonando sua parentela e terra;
> mas nós matamos o baluarte da cidade, aqueles que eram
> de longe os melhores jovens de Ítaca. Você deve considerar isso.

O poema chega, assim, a um impasse: Odisseu, ele mesmo admite, deve partir imediatamente. É Atena que salva a situação, através de uma intervenção com mão pesada. No começo da *Odisseia* a deusa discutiu o caso de Odisseu com Zeus antes de arquitetar seu retorno. Agora, no fim do poema, ela consulta seu pai de novo, antes de pôr um fim à luta:

> "Pai nosso, filho de Cronos, supremo entre os que governam,
> responda minha pergunta: que pensamentos estão escondidos
> [em você?
> Pretende prolongar essa guerra má e a terrível luta
> ainda mais tempo ou trará amizade aos dois partidos?"
> Então, em resposta Zeus que junta nuvens dirigiu-se a ela:
> "Minha filha, por que você me pergunta isso?
> [Por que me interrogar?
> Não foi você que que concebeu esta ideia, de que
> Odisseu deveria voltar e se vingar desses homens?
> Faça o que quiser – mas vou dizer a você o jeito certo.
> Agora que o glorioso Odisseu puniu os pretendentes, que
> ambos os partidos façam um tratado seguro: ele deve ser rei para
> [sempre,
> e nós, de nossa parte, vamos fazê-los esquecer o assassinato de
> filhos e irmãos. Que haja amizade entre eles
> como antes, e que a paz e a riqueza sejam deles em abundância".

O deus supremo sugere amnésia coletiva como o único meio de restaurar a paz em Ítaca – uma proposta que vai contra a própria *Odisseia*, já que o poema relata a situação e já que, de um modo mais geral, a poesia épica deveria servir para comemorar os feitos de deuses e homens, em vez de induzir esquecimento.

Atena permite que Eupeites, líder da oposição, seja morto, mas, então, de repente ordena que todos os homens se separem e parem a luta. Aterrados, eles todos obedecem, exceto Odisseu, cuja ofensiva só é interrompida quando o próprio Zeus atira um relâmpago. O conflito para, e Atena estabelece os termos para um tratado de paz:

> Então ela fez um tratado seguro entre os dois partidos, para
> o futuro, Palas Atena, filha de Zeus que carrega o escudo,
> tomando a aparência de Mentor tanto em forma quanto em voz.

Esses versos concluem nossa *Odisseia*, mas não parecem fornecer um fim satisfatório. A intervenção divina não é necessariamente o problema: é uma característica padrão do épico homérico. Normalmente, no entanto, ela gera eventos que poderiam também ser explicados em referência a impulsos e decisões humanos, fenômeno que os estudiosos modernos chamam de "motivação dupla" (ver p. 84 sobre o efeito controlador de Atena sobre Aquiles). Já na Antiguidade Aristóteles observava que, quando a intervenção divina produz um resultado improvável (i.e. um resultado que não pode ser explicado em termos de comportamento humano plausível), isso é poesia fraca. Aqui, no fim da *Odisseia*, estamos diante de poesia fraca na definição dele: parece totalmente improvável que um conflito deva parar repentinamente, depois que os homens envolvidos já se alinharam para enfrentar uns aos outros, e um líder de facção já foi morto.

Editores modernos tentaram muitas vezes apagar, reformar ou rearranjar os vários episódios que concluem a *Odisseia*, argumentando que eles representam diferentes estágios ou camadas de composição, invocando a flexibilidade da poesia oral e lamentando o caráter errático da transmissão textual. Leitores antigos também ficavam insatisfeitos com a conclusão do poema: estudiosos famosos que trabalhavam na biblioteca de Alexandria achavam que o verso 296 do Canto 23 da *Odisseia*, quando Penélope e Odisseu vão para a cama juntos, dá uma conclusão cabível para o poema. Só que a *Odisseia* não acaba ali: a flexibilidade da composição oral e as incertezas da transmissão textual (ambas as quais estão evidenciadas no fim do épico) atestam a dificuldade de concluir uma história sobre Odisseu. As implicações políticas de seus atos, e mais especificamente suas falhas como líder, não podem ser ignoradas – por mais que Zeus recomende amnésia coletiva. Na verdade, elas são exploradas extensamente no poema.

Já na invocação à Musa da abertura, o poeta insiste que Odisseu não deve ser acusado da morte de seus companheiros:

eles comeram o gado do Sol, e foram punidos por sua insensatez. Leitores antigos perguntaram-se, com razão, por que o poeta se concentra só nesse episódio: a tripulação de um único navio morreu depois de comer o gado sagrado; a maioria dos homens de Odisseu perdeu a vida em circunstâncias pelas quais eles não foram responsáveis (ver p. 70). Por exemplo, Odisseu teimou que queria descobrir quem vivia na caverna dos Ciclopes, mesmo que seus companheiros lhe implorassem para não ir lá: no fim, alguns deles foram comidos, enquanto ele sobreviveu.

Em resumo, embora Odisseu seja muito diferente dos grandes líderes falhos da *Ilíada*, ele também acaba "destruindo seu povo", para usar a fórmula homérica. O problema é claramente ilustrado por Egípcio, um velho que vive em Ítaca, que é mencionado de passagem no começo do Canto 2. Esse Egípcio tem quatro filhos: um segue Odisseu para Troia e é canibalizado pelos Ciclopes; outro se une aos pretendentes, e é morto na carnificina geral do Canto 22; os outros dois ficam nas terras de seu pai, sem ninguém por perto e, portanto, conseguem sobreviver tanto à expedição de Odisseu a Troia quanto à sua volta.

É claro que a solidão de Odisseu é uma parte crucial da história: ele é um sobrevivente precisamente porque aqueles em torno dele morrem. Ele aparece e desaparece porque não tem companhia, ninguém o mantém constantemente sob seu olhar. Ele é *polytlas*, "que muito sofre", precisamente porque está sozinho, perdeu todos e só pode contar com seus próprios recursos. Ele tem que ser *polymētis*, "de muitos conselhos", e *polymēchanos*, "de muito engenho". Mesmo assim, conforme sua história se desenrola, as palavras que o caracterizam mudam de significado, e começam a se mesclar umas com as outras. Quando ele é preso na caverna do Ciclope, ou se pendura numa figueira que se projeta por sua preciosa vida, ele não tem outra escolha senão aguentar. Quando volta para casa, no entanto, prefere aguentar vários insultos e humilhações para se vingar dos pretendentes. De modo que, na segunda metade do poema, *polytlas* muda de significado em direção a *polymētis* e *polymēchanos*: sofrer torna possível a dissimulação e, por fim, a vitória sobre o inimigo.

Figura 13. Vaso beócio de figura negra mostrando Odisseu e o vento Bóreas, século IV a.C.

O próprio Odisseu pensa sobre a ligação entre seus sofrimentos passados e seu desejo subsequente de vingança. Quando Melâncio, um homem que serve os pretendentes, o maltrata, pensando que ele é só um mendigo impotente, Odisseu sente-se extremamente tentado a matá-lo ali mesmo. De forma semelhante, o comportamento das servas que dormem com os pretendentes o agita e enfurece quase além do controle – ainda assim ele consegue se segurar, recordando-se de que esperou sua oportunidade até quando estava na caverna do Ciclope. Gratificação adiada é, ao longo do poema, o jogo de Odisseu. A seu tempo, as servas são enforcadas numa corda, como vários "tordos ou rolinhas presos numa arapuca"; enquanto o nariz e as orelhas de Melâncio são cortados, sua genitália arrancada e dada de comer aos cães, e suas mãos e pés amputados também.

A brutalidade da *Odisseia* é chocante e surpreende muitos que leem o poema pela primeira vez. Pode ter sido uma surpresa na Antiguidade também. Várias pinturas de vaso retratam Odisseu como um espertalhão folclórico que consegue se safar de todo tipo de encontro difícil e desventura. Um vaso, por exemplo, mostra-o fugindo do vento do norte Bóreas, cavalgando sobre duas ânforas (episódio que não aparece na *Odisseia*, ver Figura 13).

No vaso, Odisseu parece mais interessado em sobrevivência, e talvez na emoção de escapar por um triz, do que em liderança ou vingança. A *Odisseia* se serve de contos folclóricos tradicionais registrados principalmente na arte, mas também oferece uma exploração mais desencantada, épica, do poder e suas consequências. Assim como se serve de vários gêneros e tradições diferentes, também provoca uma vasta gama de reações. Por vezes personagem cômico, herói trágico, sábio estoico, e vilão, Odisseu nunca pôde, e ainda não pode, ser fixado.

9.
MULHERES E MONSTROS

Por mais que Odisseu seja difícil de fixar, vários personagens tentam fazê-lo, particularmente mulheres, deusas e monstros. Elas querem manter Odisseu perto delas e fazer dele seu marido (ou comê-lo, dependendo do caso). Em um poema tão interessado em prazer e família, sobrevivência e regresso, talvez não seja surpresa que personagens femininos devam ser proeminentes: a solidão de Odisseu e sua errância constante sugere que aquilo de que ele precisa, acima de tudo, é um lar. Ele tem um, é claro, em Ítaca – mas o poema sugere repetidamente que ele pode se instalar em algum outro lugar. A história dele reflete, em parte, as preocupações da era em que a *Odisseia* foi composta: o período arcaico foi um período de rápida expansão, viagens e novas instalações. As mulheres viajavam menos do que os homens, então o cenário em que colonizadores de longe estabeleciam lares com mulheres locais era prontamente compreensível. Ainda assim, mulheres tinham maneiras de pôr etiquetas em seus homens e marcá-los como delas mesmo quando eles viajavam para longe.

Quando Odisseu, disfarçado de mendigo, fala pela primeira vez com Penélope uma noite ao lado do fogo crepitante, ele lhe diz que encontrou Odisseu uma vez em Creta, e Penélope imediatamente pergunta que roupas esse suposto Odisseu estava vestindo. Depois de alguma hesitação, o falso mendigo a satisfaz com uma resposta surpreendentemente detalhada:

Senhora, é muito difícil dizer, quando já se passou
tanto tempo, pois é agora o vigésimo ano desde que ele
zarpou de Creta, deixando minha terra ancestral para trás.
Mesmo assim, vou dizer que tipo de imagem minha mente tem
[dele.
O glorioso Odisseu estava vestindo um rico manto de lã,
púrpura e de espessura dupla, e nele havia uma fivela dourada
com fecho duplo, cuja parte da frente era engenhosamente feita:
havia um galgo segurando um filhote de cervo malhado em suas
[patas dianteiras,
mantendo-o no chão enquanto ele se debatia. Todos os que viam
[ficavam admirados
como, embora feito de ouro, o galgo segurava o filhote de cervo
e o estrangulava, enquanto os pés do filhote de cervo batiam
[conforme ele lutava
para escapar. Outra coisa: notei a túnica brilhante que ele vestia,
como ela parecia a pele que fica em volta de uma cebola seca,
de tão macia que era, luzindo brilhante bem como o sol; e havia
realmente muitas mulheres que a olhavam com admiração.

O "mendigo" acrescenta que não sabe se essas eram as roupas que Odisseu usava em casa, ou se eram presente de algum anfitrião, "pois Odisseu era amado por muitos". Penélope, por sua vez, logo as reconhece: eram as roupas e a fivela que tinha dado para o marido, com certeza.

Outras mulheres admirarem a túnica de Odisseu atesta as habilidades de Penélope como tecelã, mas também sugere a possibilidade de que essas mulheres admiravam o homem, tanto quanto as roupas dele. Certamente, ao longo da *Odisseia*, Penélope não é a única personagem a vestir (e despir) Odisseu. Antes de ele deixar a ilha de Calipso, a deusa lhe dá um banho e o veste com roupas perfumadas; pouco mais adiante na história essas mesmas roupas quase o arrastam para o fundo do mar, quando Posídon destrói sua jangada. Não é de se admirar, portanto, que, quando a deusa do mar Ino aparece para Odisseu pouco depois, oferecendo-lhe seu próprio véu como proteção contra a morte, Odisseu pensa duas vezes antes de aceitar a oferta. O gesto dela, como muitos comentadores observaram, é sedutor – até porque tirar o véu a deixa exposta a ser vista, de modo que ela tem que escorregar para dentro das ondas do mar bem depressa. Ainda assim, Odisseu continua sem se convencer da oferta dela, e mantém um longo monólogo interno sobre que roupa deveria usar. Ele decide que, por enquanto, ia manter as roupas de Calipso e ficar montado sobre os restos de sua jangada destruída em vez de abandonar as madeiras em troca de nadar ajudado pelo véu, como sugeriu Ino. É só como último recurso, depois de Posídon despedaçar as madeiras que sobraram em um segundo ataque, que Odisseu se despe, amarra o véu mágico no peito e mergulha de cabeça no mar.

Mais tarde ele aparece, nu, na costa feácia. A princesa Nausícaa tinha estado lavando roupa ali perto, porque Atena inspirara nela pensamentos de casamento, insistindo na necessidade de roupas recém-lavadas: a garota estava, assim, idealmente preparada para emprestar um manto e uma túnica ao forasteiro, e explicar a ele como chegar à cidade. Nausicaa sugere a Odisseu que ele deveria caminhar com ela no início, mas manter distância na parte final da caminhada para casa, a fim de evitar fofocas maldosas. Uma vez no palácio, ele deveria ver os pais dela e tentar agradar à mãe dela Arete, em particular: "Se ela tiver boas opiniões quanto a você no coração, | há alguma esperança de que você vai mais uma vez ver aqueles que lhe são caros".

A primeira pergunta de Arete a Odisseu é a respeito das roupas que ele está usando: ela reconhece as vestes que "ela mesma fez com suas servas", e pergunta a ele como, exatamente, chegou a elas. A pergunta sobre o relacionamento dele com Nausícaa não poderia ser dramatizada de forma mais efetiva. E mesmo assim logo fica claro que o homem não deseja se casar com a jovem princesa. A própria Nausícaa deseja ardentemente que ele possa ficar e se tornar seu marido, e o rei Alcínoo está igualmente bem interessado em tê-lo como genro. Mas Odisseu insiste em partir, e então os feácios oferecem-lhe uma viagem segura e, além disso, muitos presentes. Arete pessoalmente lhe dá mais roupas bonitas e lhe diz para cuidar bem delas, para que não sejam roubadas quando chegar em casa. Ao ouvir isso, Odisseu "imediatamente tranca o fecho da arca, atando-o | com um nó complicado que Circe lhe havia ensinado". Por fim, Arete toma as providências para que ele tome um banho, e isso é "bem-vindo a seu espírito, | pois ele não tinha sido tão bem cuidado | desde quando tinha deixado o lar de Calipso de cabelos adoráveis". Odisseu, em suma, gosta dos presentes que as mulheres podem oferecer.

Os prazeres estão aí para serem aproveitados, e há prazeres de todos os tipos na *Odisseia*. Parece haver só uma restrição a eles: a necessidade de voltar para casa. Para atingir esse objetivo, Odisseu está disposto a aceitar os sofrimentos mais extremos, até a própria morte. Fora isso, parece sentir poucas restrições. Logo que parte de Troia, ele saqueia a terra dos Cícones, mata os homens e depois toma, como declara com orgulho "suas mulheres e posses, de modo que nenhum dos meus homens fique sem". Quando, ao contrário, chega à terra dos comedores de lótus, ele proíbe seus homens de provar as *delicatessens* locais assim que percebe que a flor de lótus vai fazê-los se esquecer do desejo de voltar para casa.

Pouco depois, ao chegar à caverna dos Ciclopes, é Odisseu quem quer descobrir, a todo custo, quem mora lá, e se vai oferecer algum belo presente, enquanto seus companheiros sugerem que eles deveriam só roubar alguns poucos queijos e dar o fora. No fim, o presente que Polifemo oferece ao estrangeiro chamado "Ninguém" é o privilégio de "ser comido por último", uma perversão grotesca das regras da hospitalidade – mas o próprio Odisseu abusara dessas regras: a antiga amizade ao hóspede não era uma questão de se enfiar na casa das outras pessoas para matar a curiosidade e por cobiça, mas sim de estabelecer redes duradouras de confiança e apoio. Nas mãos de Odisseu, a amizade aos hóspedes parece-se muito com pirataria. Depois de deixar a caverna dos Ciclopes e visitar o deus-vento Éolo, ele chega à terra do lestrigões e de novo manda alguns batedores à costa para investigar as oportunidades. As coisas dão errado: a rainha local, "uma mulher enorme como o pico de uma montanha, uma visão terrível de contemplar", chama o marido, que come um dos homens de Odisseu, e lança um ataque violento à frota inteira. Todos os navios se perdem, exceto o do próprio Odisseu.

Não muito depois desse episódio, Odisseu encontra Circe e ela transforma seus homens em porcos. Ela teria feito o mesmo com ele, só que uma erva especial dada a ele pelo deus Hermes funciona como antídoto para encantos dela. O confronto entre Odisseu e Circe é direto e sem rodeios: ela tenta possuí-lo tocando-o com sua vara, mas ele desembainha a espada e a faz jurar que não vai feri-lo antes de concordar em ir para a cama com ela. Um ano depois, quando ele decide deixá-la, Circe diz a Odisseu como chegar ao Submundo e como lidar com as Sereias. É, de fato, o encontro com as Sereias que, mais do que qualquer outro, coloca o prazer de Odisseu contra seu *nostos*, sua "viagem para casa". O desejo pelo canto das Sereias é tal que elas capturam e destroem todos que navegam por ali, Circe avisa. Para proteger seus homens, ele, então, tampa os ouvidos deles com cera de abelha. Quanto a ele mesmo, pede para, em vez disso, ser amarrado no mastro – de forma que possa ouvir os monstros sem ser apanhado. É assim que ele se lembra da canção delas:

> ...as Sereias não deixaram de notar nosso
> veloz navio se aproximando, e começaram sua canção de voz clara:
> "Odisseu de muitas histórias, grande glória dos aqueus, aproxime-se;
> traga seu navio à terra e ouça nossa canção!
> Nenhum homem jamais navegou além deste lugar em seu navio
> [negro sem
> escutar a melíflua voz que sai de nossos lábios, e
> então, deliciado, segue seu caminho um homem muito mais sábio.

Veja, sabemos tudo que ambos, troianos e argivos,
suportaram na ampla planície de Troia, pela vontade dos deuses; e
sabemos também tudo o que acontece na terra que nutre muitos".

Conhecimento, como bem sabem as sereias, é uma forma de prazer: elas prometem uma *Ilíada* a Odisseu, e alegam que isso vai lhe proporcionar percepção além de deleite. Ele está totalmente convencido, quer ficar e ouvir. Até tenta sinalizar isso a seus homens, usando suas sobrancelhas, mas eles apenas apertam as cordas que o amarram ao mastro, e se curvam em seus remos.

Todas as mulheres e monstros que Odisseu encontra representam um perigo para ele. Algumas são doces, algumas aterradoras, mas todas impedem sua volta para casa. Nausícaa, por exemplo, é perigosa justamente porque parece tão ideal: muitos, afinal de contas, escolheriam uma esposa jovem e a terra fértil dos feácios no lugar de uma reunião incerta com Penélope na "Ítaca rochosa". Odisseu fala à garota sobre os encantos dela e os prazeres do casamento e, assim, garante sua ajuda:

> Três vezes abençoados são seu pai e sua reverenciada mãe,
> e três vezes abençoados seus irmãos! Como o coração deles deve
> se aquecer de prazer por sua causa, toda vez que eles
> veem você, um brotinho tão encantador indo se juntar à dança!
> Mas aquele homem há de ser abençoado em seu coração além de
> [todos os outros
> o que ganhar com dotes e levá-la para casa como noiva.
> ...
> Não há nada melhor ou mais poderoso do que isso,
> quando um homem e uma mulher mantêm sua casa com simpatia
> de mente – um grande pesar para os inimigos deles, mas uma
> [alegria para aqueles
> que lhes querem bem; e eles mesmos têm o mais alto renome.

Odisseu fala a verdade, mesmo assim, engana a garota. Ela pensa em casamento com ele; ele recorda Penélope.

De todas as perigosas garotas, mulheres, deusas e monstros que Odisseu encontra em seu caminho para casa, é a própria Penélope que constitui o maior perigo para ele. A história da volta de Agamêmnon de Troia é contada de modo proeminente na *Odisseia*, bem no começo do poema e a intervalos regulares ao longo do épico. Clitemnestra arranjou um novo marido enquanto Agamêmnon estava longe, e logo o comandante em chefe dos Aqueus foi morto assim que voltou para casa. A questão da fidelidade de Penélope está muito presente na mente de Odisseu: quando ele encontra sua própria mãe no Submundo, imediatamente pergunta se Penélope ainda se comporta como sua mulher, ou se ela se casou com outro.

Para Penélope, atuar como mulher de Odisseu significa, acima de tudo, ganhar tempo, manter tudo igual até ele voltar para casa. Para alcançar isso, ela imagina o engodo da mortália: ela diz a seus pretendentes que não vai se casar de novo até que tenha terminado de tecer um manto à altura para o funeral de Laerte. Ela, então, tece de dia, e desfia seu trabalho à noite. O truque é criativo – prático e simbólico ao mesmo tempo. Enquanto sua mortalha não estiver pronta, Laerte não pode morrer; e enquanto o pai estiver vivo, há esperança de que seu filho possa voltar. Um problema aqui é que o próprio filho de Odisseu, Telêmaco, está crescendo nesse ínterim: a *Odisseia* dramatiza a possibilidade de que ele possa assumir como mandante do lar, caso no qual não haveria a necessidade de Odisseu voltar, ou de Penélope se casar de novo (ver especialmente o momento em que Odisseu proíbe Telêmaco de pôr a corda no arco, discutido nas pp. 77-78). Odisseu, ao que parece, chega no último momento possível, justo antes de se tornar uma irrelevância em seu próprio lar.

Uma vez em Ítaca, Odisseu demora para se revelar a Penélope, porque precisa testar sua fidelidade. Ela, da mesma forma, demora para aceitá-lo de volta, porque precisa testar sua identidade. É preciso cautela, por razões práticas, mas também há o prazer de desacelerar as coisas. Odisseu e Penélope testam e provocam um ao outro redescobrindo quem são e o que partilham – as roupas dele, por exemplo, e a cama de casal deles. Como teste final para o marido, Penélope, como quem não quer nada, fala para um servo remover a velha cama que Odisseu fez, e ele explode com uma fúria repentina: a cama não pode ser movida, ele exclama, a não ser que algum outro homem tenha mexido com ela; ele mesmo a construiu, e um de seus pés é feito do toco de uma oliveira ainda enraizada na terra. Depois dessa explosão, Penélope finalmente reconhece o marido. Ela o faz com calma – e, assim, aumenta o nosso prazer.

Quanto ao prazer da própria Penélope, a *Odisseia* é pudica. Só há uma passagem no poema sugestiva de que ter muitos pretendentes pode ser gostoso. Quando Penélope e Odisseu (ainda disfarçado de mendigo) conversam pela primeira vez um com o outro ao lado do fogo, ela conta ao forasteiro um sonho que teve e pergunta o que ele acha. No sonho, Penélope estava olhando um rebanho de gansos comendo em seu jardim e comprazendo-se muito com eles quando uma águia mergulhou de repente e matou todos eles. No sonho, a carnificina deixou Penélope em lágrimas. Mas Odisseu é rápido em interpretar o augúrio: Penélope deve se alegrar, diz ele – o marido dela está prestes a voltar.

10.

UMA VIAGEM INFERNAL

"Pausar, como é maçante, dar um fim..."
— Alfred Tennyson, *Ulisses*

De todas as suas muitas aventuras, a viagem de Odisseu ao Submundo é a mais radical. Ele consegue chegar ao lugar mais distante de casa, e da própria vida, e ainda assim voltar de lá. A *nekyia* do Canto 11, o "diálogo com os mortos", é possivelmente seu maior feito, feito este que volta e meia é retomado na história literária. Odisseu, contudo, não é o único herói antigo que visitou o Submundo: Héracles, Teseu e Orfeu também desceram até lá, e o herói épico babilônio Gilgámesh ficou sabendo desse reino por causa da descida de seu amigo Enkídu. Conceber a morte como uma viagem para um reino mais sombrio é, de fato, um lugar-comum em muitas mitologias diferentes, e a possibilidade de voltar para contar a história, mesmo daquele "lugar sem volta" (como os babilônios o chamavam), foi explorada em muitas tradições diferentes.

Cada visita aos mortos fornece suas próprias ideias e atmosferas. Na *Epopeia de Gilgámesh*, Enkídu primeiro visita o Submundo em sonho, e descobre que nosso destino comum, a morte, apaga diferenças seculares de riqueza e poder: até aqueles que puderam um dia compartilhar seus banquetes de carne com os deuses agora "comem poeira", enquanto suas coroas descartadas se amontoam em um canto do Submundo. O que importa para os mortos, Enkídu descobre mais adiante no poema, é um enterro adequado e ter tido muitos filhos na vida. O próprio Gilgámesh atravessa as águas da morte a fim de descobrir o segredo da vida eterna com Utanapíshti, o único homem que conseguiu evitar totalmente a morte – mas depois adormece e é, por isso, mandado de volta para sua existência mortal. Ainda assim, através dessa expedição, ele descobre a história crucial do dilúvio com seu anfitrião antediluviano.

Há também lições a serem aprendidas com outras histórias de viagem ao mundo do além. O mito de Orfeu, contado por Virgílio, por exemplo, dá um aviso claro sobre a urgência do amor, e o dano que ela pode causar: quando Orfeu desobedece às ordens de Hades, e volta o olhar para Eurídice quando ela o segue na saída do Submundo, ele a entrega ao mundo nebuloso das sombras, e a perde. A própria expedição de Odisseu é, como sempre, mais ambígua: ele descobre uma coisa específica sobre o próprio futuro com Tirésias, mas quanto ao que nós ficamos sabendo, a mensagem parece menos clara. A ênfase explícita é em contar uma história – os prazeres e vantagens disso, assim como qualquer revelação que isso possa oferecer.

Odisseu conta a história de sua viagem aos mortos enquanto desfruta da hospitalidade dos feácios, pouco antes de assegurar sua volta para casa. Circe, ele conta, insistiu em que ele precisava consultar Tirésias antes de navegar para casa, então, ele e seus homens embarcaram em sua missão, "sob o peso da ansiedade e derramando muitas lágrimas". Eles chegaram à terra nebulosa dos cimérios às margens do rio Oceano. Ali atracaram o navio, foram andando rio acima até chegarem a um lugar específico indicado por Circe, cavaram uma trincheira e fizeram sacrifícios aos mortos. Imediatamente, as sombras começaram a pulular vindas do Submundo, ávidas por provar o sangue dos animais sacrificados, e "um temor pálido" tomou conta de Odisseu. Ainda assim, ele conseguiu manter as sombras sob controle, e não as deixou tomar o sangue. A essa altura, a sombra de um de seus companheiros se pôs diante dele: Elpenor ainda podia reconhecer Odisseu e falar com ele, porque ainda não tinha sido devidamente enterrado – na verdade, ele tinha, caindo de bêbado, despencado do telhado de Circe na noite anterior e quebrado o pescoço. Odisseu se dirige a ele com uma curiosidade sincera, perguntando como ele tinha chegado lá tão rápido, mais rápido até do que a sua própria veloz viagem de barco.

Como sempre, nosso "homem de muitas guinadas" não parece levar a morte muito a sério, considera quase uma afronta que Elpenor pudesse viajar até o Submundo mais rápido do que ele. O próprio Elpenor, no entanto, implora queixosamente para ser enterrado. Odisseu então avista a própria mãe entre as sombras, e mesmo ela parece não o reconhecer. Finalmente, Tirésias aparece, e pronuncia a profecia. A essa altura, Odisseu cumpriu sua missão e pode, portanto, ir embora – mas ele está curioso, quer interrogar os mortos. Deixa sua mãe tomar o sangue das vítimas do sacrifício, e de repente ela o reconhece, perguntando como, diabos, ele tinha chegado lá ainda em vida. Ela então lhe garante que Penélope ainda é fiel a ele, e insta-o a contar umas boas histórias para a esposa quando chegar em casa: "vá, agora, volte para a luz o mais rápido que puder, mas lembre | tudo isso, de modo que um dia você possa contar para a sua esposa".

Odisseu, no entanto, não está com pressa. Vê muitas mulheres famosas e quer ouvir suas histórias, então deixa que elas bebam do sangue e as interroga uma a uma: Tiro, que, estuprada por Posídon, teve de guardar seu segredo enquanto estava viva, mas pode agora falar abertamente; Antíope, cujos filhos construíram a cidade de Tebas; Alcmena, mãe de Héracles; Leda, mãe de Helena; Epicasta, mãe de Édipo, que dormiu com o próprio filho; Ifimedeia, cujos filhos (gigantes ímpios que tentaram chegar ao céu) foram apenas jovens adoráveis no que lhe dizia respeito; e muitas outras mulheres.

Ao ouvir o relato de Odisseu, a rainha Arete fica fascinada, e pede aos feácios que não deixem Odisseu ir embora com pressa, prometendo mais presentes em troca. Alcínoo, igualmente, pede a ele que conte mais sobre os mortos, e promete a Odisseu que vai mandá-lo para casa de manhã, repleto de presentes. Odisseu aceita a proposta com interesse, observando que chegar em casa "com as mãos cheias de riquezas" seria útil para restabelecer seu mando e sua autoridade. Depois desse aparte prático, ele retoma sua história – uma história que, na opinião de Alcínoo, ele elabora "como um cantor".

Além das mulheres famosas, ele também viu muitos heróis mortos, ele observa, incluindo Agamêmnon: o líder da expedição troiana perguntou sobre seu filho Orestes, e disse para Odisseu nunca confiar nas mulheres, já que sua própria esposa tinha se casado com outro e depois tramado sua morte. Aquiles perguntou sobre seu filho, Neoptólemo, e pediu a Odisseu que não "louvasse a morte"; a fama não era nada, ele reiterou, comparada às alegrias da vida – "mesmo como um trabalhador da terra, alguém submetido a outro homem". E, então, veio Ájax, que se recusou a falar com Odisseu, já que tinha perdido uma competição contra ele pelo direito de possuir as armas de Aquiles. Odisseu pediu a Ájax que abrisse mão do velho ressentimento (um sentimento tão forte que tinha, na verdade, levado Ájax ao suicídio). Ele queria falar com o antigo rival – mas Ájax se recusou, e Odisseu logo se desinteressou. Havia, afinal, muitos outros personagens famosos para ver: Tântalo, que nunca podia beber água, apesar de ela estar a seus pés; Sísifo, empurrando eternamente sua pedra morro acima; Héracles, Teseu, e muitos outros. Odisseu teria se demorado, e descoberto mais sobre os mortos, mas temeu que Perséfone, rainha do Submundo, mandasse a cabeça de Górgona (que transformava as pessoas em pedra), e então decidiu que estava na hora de partir.

A *nekyia* de Odisseu compartilha algumas características com outras viagens ancestrais ao Submundo: como Gilgámesh, ele descobre que as pessoas se importam com enterro, e com seus filhos – mesmo depois da morte. O episódio também dá a Odisseu uma perspectiva única para ver a própria história, sobretudo em relação à de Aquiles. Mas, por outro lado, há uma curiosa falta de peso no episódio. A missão de Odisseu está cumprida no momento em que ele fala com Tirésias, e depois ele simplesmente decide ficar, primeiro para falar com a mãe e, depois, pelo prazer da conversa com os mortos. Não há a sensação de que Odisseu está atrás de alguma coisa específica, como a busca de Gilgámesh pela vida eterna. De certa forma, a profecia de Tirésias mina a importância da visita de Odisseu: ele vai partir para mais jornadas de descoberta, e, assim, conversar com os mortos não é apresentado como seu destino final. De certa forma, essa visita retoma muitos de seus atos de pirataria: o que você pode conseguir no Submundo são histórias, ele então apanha algumas, como os tantos queijos da caverna dos ciclopes, e parte antes que Górgona o apanhe.

Virgílio retrabalhou a *nekyia* de Odisseu no Canto 6 da *Eneida* de uma maneira que expressou como ele achava o relato homérico profundamente insatisfatório. A viagem de Eneias se dá na ordem contrária: ele passa andando direto pelos condenados famosos – Sísifo, Tântalo, e personagens dessa estirpe – a caminho de revelações e encontros mais importantes. Depois de uma jornada bem estruturada, ele encontra o pai, em vez da mãe, e Anquises revela um futuro que não diz respeito à sua própria esposa e família, mas ao destino de todo o povo romano – como eles vão fundar um novo império, "impor um hábito de paz, poupar os mansos e podar os poderosos". E Eneias está com pressa durante toda a estadia no Submundo: não há nenhuma sensação de que ele pode se demorar e ouvir ou descobrir isso ou aquilo. Sua visita revela um desígnio mais elevado, um propósito, um destino a cumprir.

A *Divina Comédia* de Dante é inspirada diretamente pela descida de Eneias ao Submundo, e traz igualmente uma jornada estruturada. É, na verdade, um supremo esforço cristão de organização, em que tudo encontra o seu lugar certo – não no nosso mundo secular, mas no Inferno, no Purgatório ou no Paraíso. Não surpreende que Odisseu acabe no Inferno, e mais precisamente no oitavo círculo, junto com todos os que deram conselhos fraudulentos. Pecadores nesse círculo são consumidos pelo fogo, para eles é difícil falar. Ainda assim, de algum modo o Odisseu de Dante (ou melhor, Ulisses) consegue contar sua história, e responder uma pergunta que consumia a imaginação medieval: como ele finalmente morreu. Dante nos conta que ele chegou em casa, mas depois não conseguiu ficar lá: ardendo de desejo por tornar-se "um expert em mundo", abandona o lar e a família, e zarpa para o oeste. Nas Colunas de Hércules, pronuncia um discurso curto e empolgante para a tripulação: homens não "deveriam viver como brutos, mas buscar excelência e conhecimento". Então, navegou para oeste, através do estreito de Gibraltar, rumo ao desconhecido, e depois de uns cinco meses viu uma "montanha escura e distante", momento em que o barco girou sobre si mesmo três vezes e afundou no oceano.

Dante não tinha acesso à *Odisseia* em grego, e ao que parece ignorou os sumários latinos do poema que circulavam no seu tempo. Seu relato é baseado em autores romanos antigos: de Virgílio sabia que Odisseu era um "inventor de crimes", incluindo o truque do Cavalo de Troia; de Cícero, Horácio, Sêneca e outros, ficou sabendo da sua paixão pelo conhecimento. O discurso curto e ardente que Odisseu pronuncia no Inferno expressa sua determinação a aprender, mas também demonstra sua habilidade para dar maus conselhos, já que incita sua tripulação a viajar para além das limitações humanas estabelecidas por Deus. Dá-se a entender que a montanha escura e distante que eles veem antes do naufrágio é o Paraíso na Terra, que mais tarde viria a tornar-se o local do Purgatório.

A história da morte de Odisseu pode ter sido uma invenção do próprio Dante, já que os primeiros comentaristas da *Comédia* observam seu ineditismo. Ela deve ter sido inspirada pelas lendas medievais sobre Alexandre, o Grande, mas também por expedições da vida real (os irmãos Vivaldi tentaram alcançar a Índia navegando a oeste para o Atlântico em 1291, pouco antes de Dante escrever sua *Comédia*, e séculos antes de Colombo). Por fim, Dante deve ter se servido de sua experiência própria – já que ele também abandonou a família e o lar durante o seu exílio, e mais tarde deu continuidade à sua busca por conhecimento em vez de recorrer a um humilde pedido de desculpa e voltar para casa. Os primeiros biógrafos de Dante perceberam as similaridades entre o poeta medieval e seu Odisseu – na grandeza de suas buscas e também na arrogante descida ao Inferno.

Figura 14. *Odisseia Roots* (1976), de Romare Bearden, retrata a Passagem Média, a viagem traumática dos escravos negros da África para as Américas, como uma viagem dos mortos vivos.

Mesmo depois de o conhecimento da épica homérica se espalhar para o Ocidente (ver a Introdução a este volume), a jornada infernal de Dante continuou a colorir a *nekyia* de Odisseu. O *Ulisses* de Tennyson, por exemplo, deve no mínimo o mesmo tanto à sua identidade medieval quanto à antiga, quando ele decide "buscar, encontrar e não ceder". A influência de Dante pode ser sentida também em muitas jornadas infernais da literatura do século XX, incluindo o *Ulisses* de James Joyce e o relato de Primo Levi sobre a sua descida e depois retorno de Auschwitz. *É isto um homem?* de Levi inclui um "Canto de Ulisses", em que ele descreve a necessidade urgente de lembrar as linhas de Dante no Inferno enquanto empurra um carrinho no campo de extermínio. Essa urgência é explicitamente confrontada com a principal preocupação em Auschwitz, a busca por comida: "vocês não foram feitos para viver como brutos, mas para buscar excelência e conhecimento". Mais até do que por uma ideia, Levi anseia pelos ritmos da poesia enquanto empurra sua carga. O Ulisses dantesco de Levi é de certa forma semelhante ao Odisseu de Homero em suas lembranças, especialmente quando ele frisa que a astúcia era necessária a fim de conseguir sair de Auschwitz. *A Trégua*, o relato de Levi sobre a sua volta para casa, é odisseica tanto no tom como em detalhes específicos: há, por exemplo, um judeu grego de Salonica, um mestre das artimanhas que trata até o habilidoso Levi como um mero aprendiz. Há uma necessidade incontrolável de contar o que aconteceu, uma urgência mais forte até do que a consumidora necessidade de comida. E, finalmente, há a questão de se o sobrevivente é um homem – uma questão que atormentou Levi com violência crescente enquanto viveu, e quando pôs fim à própria vida em 1987.

Muitas experiências traumáticas do século XX ecoam a jornada de Odisseu aos mortos (ver Figura 14). Por exemplo, os poetas Derek Walcott e Aimé Césaire forjam suas voltas pós-coloniais a suas ilhas caribenhas nativas simultaneamente como um *nostos*, uma volta para casa, e uma viagem à terra dos mortos.

Algumas de suas experiências são específicas, como quando crianças locais pedem dinheiro "porque as suas roupas, | sua postura | parecem as de um turista", mas as percepções deles também expõem as mentiras que Odisseu contou para todos nós. Não há retorno possível, afinal de contas: é uma viagem de mão única – em direção à morte. E ainda assim. Mesmo com todas as dificuldades, com todos os truques e manobras, há na *Odisseia*, em seu protagonista e suas muitas reencarnações, não só um desejo de viver, mas também uma determinação a se comprazer na história. O que acontece, então, é que a *nekyia*, a antiga conversa com os mortos, sugere que a própria literatura pode ser uma tentativa inadequada, moralmente ambígua, falivelmente humana e especificamente odisseica de passar a perna na morte.

REFERÊNCIAS

As traduções da *Ilíada* e da *Odisseia* que aparecem no texto original inglês são vagamente baseadas na *Ilíada* de Anthony Verity para a Oxford World's Classics (2011), e na versão dele da *Odisseia* para a mesma coleção (2016). Outras traduções, se não houver nenhuma indicação, são da própria autora.[1]

Introdução
Petrarca alega ter abraçado o manuscrito da *Ilíada* nas *Epistolae Familiares*, 18.2.10. As passagens relevantes das cartas em que ele e Boccaccio discutem Leôncio Pilatos estão compiladas em A. Pertusi, *Leonzio Pilato fra Petrarca e Boccaccio* (Venice, 1964), 40f. P. H. Young, *The Printed Homer: A 3000 Year Publishing and Translation History of the Iliad and the Odyssey* (Jefferson, NC, 2003) inclui um catálogo das traduções homéricas até o ano 2000.

PARTE I: O POETA

Capítulo 1: Procurando Homero
Especulações antigas sobre o significado do nome "Homero" e seu possível local de nascimento são encontradas principalmente nas *Vidas de Homero* antigas, traduzidas para a Loeb Classical Library por M. L. West (Cambridge, MA, 2003). A afirmação de Ésquilo sobre "fatias do banquete de Homero" é citada em Ateneu

---

[1] Optou-se por traduzir diretamente do inglês as traduções que a autora apresenta.

8.347e. Heródoto discute a autenticidade das *Cíprias* em *Histórias* 2.117. Aristóteles fala sobre a "técnica ou genialidade natural" de Homero na *Poética* 1451a24. Plínio menciona o desejo de retratar o rosto de Homero em *História Natural* 35.9. Gianbattista Vico reclama sobre a épica homérica ser "vil, rude, cruel", etc. em *Ciência Nova* 3.1. O dístico de Goethe sobre o Homero de Wolf está publicado em *Gedenkausgabe der Werke, Briefe und Gespräche*, ed. E. Beutler, vol. 2 (Zurich, 1953), 478. A palestra inaugural de Nietzsche está publicada em *Kritische Gesamtausgabe*, ed.G. Colli and M. Montinari, vol. 2.1 (Berlin, 1982), 247–79.

Capítulo 2: Pistas textuais

Milman Parry alega que as plateias homéricas eram indiferentes aos epítetos homéricos e que era melhor deixá-los sem traduzir em *The Making of Homeric Epic*, ed. A. Parry (Oxford, 1971), 171ss. W. Arend, *Die typischen Scenen bei Homer* (Berlin, 1933) cunhou o termo "cenas típicas". Aquiles e Apolo se enfrentam no começo da *Ilíada* 22; os versos citados são 8–10, 14–15, e 20. Odisseu sai de baixo da moita, cobre-se com um galho folhudo e encara Nausícaa em *Odisseia* 6.127–44. Para a noção antiga de que Homero sabia todos os dialetos gregos, ver M. Hillgruber, *Die pseudoplutarchische Schrift De Homero*, vol. 1 (Stuttgart e Leipzig, 1994), 102–3. O rio Caístro, perto de Éfeso, é mencionado em *Ilíada*. 2.461.

Capítulo 3: Pistas materiais

Ulrich von Wilamowitz-Moellendorff critica Schliemann em "Über die ionische Wanderung", *Sitzungsberichte der Königlich Preußischen Akademie der Wissenschaften* (Berlin, 1906), 59. Pedras "que nem dois homens, tal como são hoje em dia, poderiam levantar": *Ilíada* 5.302–4, 12.445–9, e 20.285–7. Símiles homéricos: *Ilíada* 11.558–65 (Ájax como um jumento); *Ilíada* 4.130–3 (Atena como uma mãe que espanta uma mosca); *Odisseia* 19.233 (uma túnica como casca de cebola); *Ilíada* 5.487, 16.406–8, e 24.80–2, *Odisseia* 10.124 e 22.384–7 (pesca); *Ilíada* 23.712ss. (vigas entrelaçadas); *Odisseia* 6.232-5 (prata coberta com ouro); *Ilíada* 4.141-5 (bocal de marfim manchado de púrpura). Os homens de Odisseu comem peixe para não morrer de fome: *Odisseia* 12.329-32; uma "raça de homens semideuses": *Ilíada* 12.23; culto a Sarpédon na Lícia: *Ilíada* 16.666-83. Odisseu é desviado do curso quando está circundando o Cabo Maleia *Odisseia* 9.80ss.; os barcos mágicos dos feácios: *Odisseia* 8.556-63; descrição de Ítaca: *Odisseia* 9.21-8. Para um guia útil sobre tentativas antigas e modernas de reconstruir a viagem de Odisseu, ver a compilação e discussão sobre as fontes de Jonathan Burgess em (http://homes.chass.utoronto.ca/~jburgess/rop/od.voyage.html). R. Bittlestone tenta fazer a descrição homérica de Ítaca coincidir com a geografia da ilha grega ocidental apelando para fortes terremotos em *Odysseus Unbound: The Search for Homer's Ithaca* (Cambridge, 2005); para uma opinião crítica, ver B. Graziosi, "Where is Ithaca?", *Journal of Hellenic Studies* 128 (2008): 178-80. Canções de Demódoco: *Odisseia* 8.73-108, 256-370, e 474-541; apresentação de Fêmio: *Odisseia* 1.325-59; referência breve à escrita ou algo parecido: *Ilíada* 6.160-70.

Capítulo 4: O poeta nos poemas

O poeta invoca as musas antes do "Catálogo das Naus": *Ilíada* 2.484-93. Preocupações antigas com o proêmio da *Odisseia*: *scholia* g1 da *Odisseia* 1.8, em F. Pontani, ed., *Scholia graeca in Odysseam* (Roma, 2007-). Demódoco canta sobre o que aconteceu em Troia "como se tivesse estado lá em pessoa", e Odisseu recompensa-o com um naco de carne de porco: *Odisseia* 8.471-98. A Musa dá a Demódoco uma doce canção e cegueira: *Odisseia* 8.63ss. O cantor Fêmio implora a Odisseu que poupe a sua vida: *Odisseia* 22.344-53. "Longino" compara a *Ilíada* ao sol do meio-dia, e a *Odisseia* ao pôr do sol: *Do Sublime* 9.12-14. A costa curvilínea, com as embarcações dos aqueus encalhadas, organiza-se diante do poeta "como um teatro": *scholia* A (Aristonico) da *Ilíada* 14.35a em H. Erbse, *Scholia graeca in Homeri Iliadem* (Berlin: 1969-88). J. Strauss Clay, *Homer's Trojan Theater: Space, Vision, and Memory in the Iliad* (Cambridge, 2011) estabelece a posição do poeta em relação ao campo de batalha; há uma simulação em computador baseada no trabalho dela disponível aqui: (http://www.homerstrojantheater.org). Uma lança que esmaga um cérebro: *Ilíada* 12.182-6; dois cavalos tropeçam, e um exército todo foge: *Ilíada* 6.37-41. O mapa do "Catálogo das Naus" e do "Catálogo dos Troianos" baseia-se em G. Danek, "Der Schiffskatalog der Ilias. Form und Funktion", em H. Heftner and K. Tomaschitz, eds, *Ad Fontes! Festschrift für Gerhard Dobesch* (Vienna, 2004), 59-72; as flechas fazem referência aos versos seguintes em *Ilíada* 2: A=494-580; B=581-614; C=615-44; D=645-80; E=681-759; F=816-43; G=844-57; H=858-63; I=864-6; J=867-77. O "Escudo de Aquiles": *Ilíada* 18.478-608; Aquiles reconhece que o escudo é obra de um artesão divino: *Ilíada* 19.21ss.; seus homens fogem ao vê-lo: *Ilíada* 19.14ss. A visão das armas de Aquiles cega Homero: *Life of Homer* 7.5 in M. L. West, ed., *Homeric Hymns, Homeric Apocrypha, Lives of Homer* (Cambridge, MA, 2003). Zeus reclama dos mortais que culpam os deuses: *Odisseia* 1.28-43. Posídon avista Odisseu em sua jangada do topo dos montes Sólimos, vindo da Etiópia em direção ao Olimpo: *Odisseia* 5.282-4. Tirésias prevê o futuro de Odisseu: *Odisseia* 11.100-37. Odisseu vai até o chiqueiro de Eumeu: *Odisseia* 14.1-4. O cachorro Argos reconhece seu antigo dono, abana a cauda e morre: *Odisseia* 17.291-327. Odisseu remove as armas do salão: *Odisseia* 19.1-34; a competição do arco toma todo o Canto 21. Segundo Platão, Íon 535b, as plateias homéricas achavam a cena em que Odisseu salta na soleira e começa a atirar as flechas especialmente emocionante. O poeta compara Odisseu a um cantor em *Odisseia* 21.405-11.

PARTE II: A *ILÍADA*

Capítulo 5: A ira de Aquiles

A ira de Aquiles (*Ilíada* 1.1) é igualada pela ira de Apolo (*Ilíada* 1.75). O deus Apolo desce do Olimpo "como cai a noite": *Ilíada*

1.47. Atena detém Aquiles: *Ilíada* 1.194-222; Aquiles está "determinado a ser mais arrogante ainda": *Ilíada* 9.700. Aquiles fala para Odisseu que é preciso escolher entre glória e um retorno seguro para casa, apesar de que, é claro, Odisseu vai conseguir os dois: *Ilíada* 9.413. Aquiles explica os motivos pelos quais se recusa a voltar para o campo de batalha: *Ilíada* 9.401-9. Zeus deve um favor a Tétis: *Ilíada* 1.396-401 e 407-12, com L. Slatkin, *The Power of Thetis: Allusion and Interpretation in the Iliad* (Berkeley, 1991). Aquiles concorda com Ájax que deveria voltar ao campo de batalha, mas está bravo demais com Agamêmnon para fazê-lo: *Ilíada* 9.644-8. Ele vai voltar a lutar só se Heitor botar fogo nos navios aqueus: *Ilíada* 9.649-55. Apolo acha o comportamento de Aquiles desumano: *Ilíada* 24.44-54. A história de Meleagro é contada em *Ilíada* 9.527-99. Para o conselho de Shidúri a Gilgámesh, e a *Epopeia de Gilgámesh* de forma mais geral, ver A. R. George's *critical edition* (Oxford, 2003), 278 ss. A reação física de Aquiles à morte de Pátroclo é descrita em *Ilíada* 24.1-110. Tétis diz para Aquiles que ele deveria comer, dormir e fazer sexo: 24.128-32. Aquiles e Príamo olham um para o outro: *Ilíada* 24.628-33.

Capítulo 6: Um poema sobre Troia

Heitor conversa com a mãe em *Ilíada* 6.242-85; a tragédia perdida de Eurípides, *Alexandre*, conta a história de como Hécuba salvou Páris de ser morto na infância; ver C. Collard e M. J. Cropp, *Euripides: Fragments*, vol. VII (Cambridge, MA, 2008). Aquiles concede a Agamêmnon o primeiro lugar em arremesso de dardo: *Ilíada* 23.889-97. A morte de Heitor simboliza a queda da cidade inteira: *Ilíada* 22.410ss. Ferimentos homéricos: *Ilíada* 13.568ss. (entre os genitais e o umbigo); 13.442-4 (a lança balança no ritmo do pulso do ferido); 20.469-71 (um fígado escorre para fora do abdome). Observações clínicas que corroboram as descrições homéricas de ferimentos estão compiladas em K. B. Saunders, "The wounds in Iliad 13-16", *Classical Quarterly* 49 (1999): 345-63. Um pai sobrevive ao filho: *Ilíada* 13.650-9; uma jovem viúva é deixada numa casa "semiconstruída": *Ilíada* 2.701; um homem hospitaleiro é morto: *Ilíada* 6.13-16; uma mãe não pode lavar o cadáver do filho: *Ilíada* 21.122-4; um guerreiro cai como uma árvore derrubada: *Ilíada* 13.177-80; comentários de Eustácio: M. van der Valk, ed., *Eustathii archiepiscopi Thessalonicensis commentarii ad Homeri Iliadem pertinentes* (Leiden, 1971-87), 926.54. Os filhos de Antenor são mortos por Agamêmnon: *Ilíada* 11.262; Sarpédon define o "código heroico": *Ilíada* 12.310-28.

Capítulo 7: A tragédia de Heitor

Aquiles alega que ainda pode ter uma vida longa em *Ilíada* 9.414-16. Heitor precisa morrer "agora", ao passo que Aquiles vai morrer "quando quer que": *Ilíada* 22.365-6. Heitor encontra as mulheres de Troia (*Ilíada* 6.237-41), sua mãe (6.251-85), Helena (6.343-68), a caseira (6.369-89), e por fim sua mulher Andrômaca e o filho bebê Astíanax (6.392-502). "Motivos respeitáveis para deixar a casa": *scholia* bT da *Ilíada* 6.378; "Andrômaca dá um conselho antimilitar a Heitor": *scholia* A da *Ilíada* 6.433-9; "típico não de mulheres, mas típico dela": *scholia* bT da *Ilíada* 6.433; "em tempos difíceis até os menores incidentes podem causar riso": *scholia* bT da *Ilíada* 6.471; "fora da norma": *scholia* bT da *Ilíada* 6.499, tudo em H. Erbse, *Scholia graeca in Homeri Iliadem* (Berlin, 1969-88). Alexander Pope afirma que Andrômaca não fala como soldado, mas sim como mulher: M. Mack, ed., *The Poems of Alexander Pope*, vol. 7: "Translations of Homer" (New Haven, 1967), 354. Heitor imagina Andrômaca como seu memorial vivo: *Ilíada* 6.460ss. Andrômaca alega que Heitor foi morto por sua coragem excessiva: *Ilíada* 6.407, 6.43ss., e 22.454-9. Ela gostaria que ele morresse na própria cama: *Ilíada* 24.743-5. O Heitor de Kaufmann é repudiado por ser um "jovenzinho melancólico": W. Boime, *Art in the Age of Revolution 1750-1800* (Chicago, 1987), 112s. Aquiles se aproxima, e Heitor olha para ele como uma cobra venenosa: *Ilíada* 22.92-5. Heitor está preocupado que vai ser acusado de destruir o seu povo: *Ilíada* 22.107. Aquiles e Heitor correm como dois atletas competindo pela vida de Heitor: *Ilíada* 22.161; eles correm como num sonho: *Ilíada* 22.199–201. Heitor "não erra seu alvo", mas precisa de outra lança: *Ilíada* 22.290– 5. Heitor toma uma decisão final e enfrenta Aquiles bravamente, para o nosso bem: *Ilíada* 22.300–5.

PARTE III: A *ODISSEIA*

Capítulo 8: *O homem de muitas guinadas*

Odisseu parece um leão marcado pelas intempéries (*Odisseia* 6.130–6), um polvo (*Odisseia* 5.432–5), um morcego (*Odisseia* 12.429–44). Ele tem uma aparência "nojenta" para Nausícaa, mas pouco depois "parece um deus": *Odisseia* 6.137 e 243. Ele tem uma aparência "de dar dó" para Penélope, depois ela imagina que ele pode ser um "deus vingador": *Odisseia* 19.253 e 23.63. Penélope admite para si mesma, com cautela, a semelhança com o marido de longa data: *Odisseia* 23.94ss. Odisseu se pendura sob o carneiro de Polifemo: *Odisseia* 9.425–61. Odisseu parece um "ninguém": *Odisseia* 9.515. Ele navega para casa enquanto dorme: *Odisseia* 13.80. Odisseu conta para Penélope a profecia de Tirésias, e eles vão para a cama juntos: *Odisseia* 23.251–87. Aristóteles resume a *Odisseia* e reclama das intervenções divinas implausíveis: *Poética* 1455b16–23 e 1454b1–6. Odisseu explica a Telêmaco o risco de uma guerra civil: *Odisseia* 23.118–22. Atena consulta Zeus: *Odisseia* 1.44–95 (ver também 5.5–27) e 24.473–86. Melâncio provoca Odisseu, e acaba mutilado: *Odisseia* 17.212–38 e 22.474–7. As servas provocam Odisseu e são enforcadas: *Odisseia* 20.6–24 e 22.457–73.

Capítulo 9: *Mulheres e monstros*

Penélope e Odisseu falam sobre as roupas que ela lhe fez em *Odisseia* 19.213– 60. Odisseu ganha roupas de Calipso (*Odisseia* 5.264, cf. 5.320), Ino (*Odisseia* 5.333– 64), Nausícaa (*Odisseia* 6.228, cf. 7.235), e Arete (*Odisseia* 8.438–45). O nó especial de Circe:

Odisseia 8.447ss. Nausícaa gostaria de se casar com Odisseu (*Odisseia* 6.244ss.), e o pai dela concorda (*Odisseia* 7.311–15); Odisseu aproveita o banho quente de Arete (*Odisseia* 8.450–2). Mais sobre mulheres homéricas e roupas pode ser encontrado em L. G. Canevaro, *Women of Substance in Homeric Epic: Women, Objects, Agency* (Oxford, 2018). Odisseu escraviza e sequestra as mulheres cicônias (*Odisseia* 9.41s.); proíbe contato com os comedores de lótus (*Odisseia* 9.91–102); rejeita a oportunidade de roubar os queijos dos Ciclopes (*Odisseia* 9.224–9); recebe o privilégio duvidoso de ser o "último a ser comido" (*Odisseia* 9.369); descreve como seus homens encontram "uma mulher enorme como o pico de uma montanha" (*Odisseia.* 10.112s.); e ouve a canção das Sereias (*Odisseia* 12.182–91). Penélope concebe o truque do manto (*Odisseia* 2.93–110), o truque da cama (*Odisseia* 23.177–204), e sonha com gansos (*Odisseia* 19.535–58).

Capítulo 10: Uma viagem infernal

O *Ulisses* de Tennyson (1842) está publicado em *A Selected Edition*, ed. C. Ricks (London, 1989), 138–45. Os mortos "comem poeira" na *Epopeia de Gilgámesh*, Tabuinha 7; ficamos sabendo que eles se importam com um enterro adequado e de ter tido muitos filhos na Tabuinha 12: ver a edição de A. R. George (Oxford, 2003), 644s., 732–5. Odisseu e seus homens derramam "muitas lágrimas" diante da perspectiva de partir numa viagem para o Submundo: *Odisseia* 11.5. Um "temor pálido" toma conta de Odisseu: *Odisseia* 11.43. Ele fica curioso com o modo como as pessoas viajam tão rápido até o Submundo depois de morrer: *Odisseia* 11.57s. A mãe de Odisseu fala para ele ir embora da terra dos mortos, e conta a história da visita a Penélope: *Odisseia* 11.223ss. Arete e Alcínoo ficam admirados com a história de Odisseu, e ele admite que os presentes são úteis: *Odisseia* 11.335–76. Aquiles fala para Odisseu que ele não deveria "louvar a morte" e que inveja qualquer um que esteja vivo, até um trabalhador da terra: *Odisseia* 11.488–91. G. Gazis,

Homer and the Poetics of Hades (Oxford, 2018) discute os encontros de Odisseu no Submundo com maior detalhe e eloquência. Os romanos vão "impor um hábito de paz, poupar os mansos e podar os poderosos": Virgílio, *Eneida* 6.851-3. O Ulisses de Dante quer se tornar um "expert em mundo" (*Inferno* 26.98), e diz para sua tripulação que eles "não deveriam viver como brutos, mas buscar excelência e conhecimento" (*Inferno* 26.119s.). Virgílio chama Ulisses de "inventor de crimes" (*Eneida* 2.164). Primo Levi lembra a descida e retorno de Auschwitz em *É isto um homem?* (*Se questo è un uomo*, Torino, 1958) e *A Trégua* (*La tregua*, Torino, 1963). "Porque as suas roupas, | sua postura | parecem as de um turista": D. Walcott, "Homecoming: Anse la Raye" (1969), 21-3, publicado em *Collected Poems: 1948- 1984* (New York, 1984), 127-9; ver também o seu celebrado longo poema narrativo *Omeros* (New York, 1990), e A. Césaire, *Cahier d'un retour au pays natal* (Paris, 1939).

LEITURAS COMPLEMENTARES

GERAL

Referência

M. Finkelberg, ed., *Homer Encyclopaedia*, 3 vols (Chichester e Malden, MA, 2011).

Épica do Oriente Próximo e épica homérica

J. M. Foley, ed., *A Companion to Ancient Epic* (Malden, MA, 2005).
B. R. Foster, *Before the Muses: An Anthology of Akkadian Literature*, 3rd edition (Bethesda, 2005).
A. R. George, *The Babylonian Gilgamesh Epic: Introduction, Critical Edition and Cuneiform Texts* (Oxford, 2003).
J. Haubold, *Greece and Mesopotamia: Dialogues in Literature* (Cambridge, 2013).
M. L. West, *The East Face of Helicon: West Asiatic Elements in Greek Poetry and Myth* (Oxford, 1997).

A tradição da Guerra de Troia

N. Austin, *Helen of Troy and Her Shameless Phantom* (Ithaca, NY, 1994).
J. S. Burgess, *The Tradition of the Trojan War in Homer and the Epic Cycle* (Baltimore, 2001).
M. L. West, ed., *Homeric Hymns, Homeric Apocrypha, Lives of Homer*(Cambridge, MA, 2003).

Ilíada e Odisseia (ver também parte II e III)

J. S. Burgess, *Homer* (London, 2014).
A. Ford, *Homer: The Poetry of the Past* (Ithaca, NY, 1992).
R. Fowler, ed., *The Cambridge Companion to Homer* (Cambridge, 2004).
B. Graziosi and J. Haubold, *Homer: the Resonance of Epic* (London, 2005).
J. Griffin, *Homer on Life and Death* (Oxford, 1980).
I. Morris and B. Powell, eds, *A New Companion to Homer* (Leiden, 1997).
R. B. Rutherford, *Homer*, 2nd edition (Cambridge, 2013).
S. Schein, *Homeric Epic and Its Reception* (Oxford, 2016).
A. J. B. Wace and F. H. Stubbings, eds, *A Companion to Homer* (London, 1962).

Edições da Ilíada

H. van Thiel, ed., *Homeri Ilias* (1996, Hildesheim).
M. L. West, ed., *Homeri Ilias* (1998-2000, Stuttgart and Leipzig).

Comentários antigos e modernos da Ilíada

H. Erbse, ed., *Scholia graeca in Homeri Iliadem* (Berlin, 1969-88).
G. S. Kirk et al., eds, *The Iliad: A Commentary* (Cambridge, 1985-93).
M. van der Valk, ed., *Eustathii archiepiscopi Thessalonicensis commentarii ad Homeri Iliadem pertinentes* (Leiden, 1971-87).
M. M. Willcock, *A Companion to the Iliad, Based on the Translation by Richmond Lattimore* (Chicago, 1976).
M. M. Willcock, ed., *The Iliad of Homer* (London, 1978-84).

Literatura secundária da Ilíada (ver também capítulos 5-7)

D. Cairns, ed., *Oxford Readings in Homer's Iliad* (Oxford, 2001).
M. W. Edwards, *Homer: Poet of the Iliad* (Baltimore, 1987).
I. de Jong, *Narrators and Focalizers: The Presentation of the Story in the Iliad*, 2nd edition (Bristol, 2004).
M. Lynn-George, *Epos: Word, Narrative and the Iliad* (Basingstoke, 1988).
R. P. Martin, *The Language of Heroes: Speech and Performance in the Iliad* (Ithaca, NY, 1989).
G. Nagy, *The Best of the Achaeans: Concepts of the Hero in Archaic Greek Poetry*, 2nd revised edition (Baltimore, 1999).
S. Schein, *The Mortal Hero: An Introduction to Homer's Iliad* (Berkeley, 1984).
O. Taplin, *Homeric Soundings: The Shaping of the Iliad* (Oxford, 1992).

S. Weil, *The Iliad or The Poem of Force*, ed. J. P. Holoka (New York, 2003).

Edições da *Odisseia*
H. van Thiel, ed., *Homeri Odyssea* (Hildesheim, 1991).
M. L. West, ed., *Homerus. Odyssea* (2017, Berlin e Boston).

Comentários antigos e modernos da *Odisseia*
W. Dindorf, ed., *Scholia graeca in Homeri Odysseam* (Oxford, 1855).
I. de Jong, *A Narratological Commentary on the Odyssey* (Cambridge, 2001).
A. Heubeck, S. West, and J. B. Hainsworth, *A Commentary on Homer's Odyssey* (Oxford, 1988–92).
F. Pontani, ed., *Scholia graeca in Odysseam* (Roma, 2007–).
G. Stallbaum, ed., *Eustathii archiepiscopi Thessalonicensis commentarii ad Homeri Odysseam ad finem exempli romani editi* (Leipzig, 1825–6).

**Literatura secundária da *Odisseia*
(ver também capítulos 8-10)**
N. Austin, *Archery at the Dark of the Moon: Poetic Problems in Homer's Odyssey* (Berkeley, 1975).
L. E. Doherty, ed., *Oxford Readings in Homer's Odyssey* (Oxford, 2009).
C. Dougherty, *The Raft of Odysseus: The Ethnographic Imagination of Homer's Odyssey* (Oxford, 2001).
P. Pucci, *Odysseus Polutropos: Intertextual Readings in the Odyssey and the Iliad*, 2nd edition (Ithaca, NY, 1995).
S. Reece, *The Stranger's Welcome: Oral Theory and the Aesthetics of the Homeric Hospitality Scene* (Ann Arbor, 1993).
R. B. Rutherford, "At home and abroad: aspects of the structure of the *Odyssey*", *Proceedings of the Cambridge Philological Society* 31 (1985): 133–50.
S. Saïd, *Homer and the Odyssey*, 2nd edition (Oxford, 2011).
S. Schein, *Reading the Odyssey: Selected Interpretive Essays* (Princeton, 1996).
C. Segal, *Singers, Heroes and Gods in the Odyssey* (Ithaca, NY, 1994).

PARTE I: O POETA
CAPÍTULO 1: PROCURANDO HOMERO

Representações antigas de Homero

W. Burkert, "The making of Homer in the 6th century BCE: rhapsodes versus Stesichorus", in E. Bothmer, ed., *The Amasis Painter and his World* (Malibu, CA, 1987) 43-62 (reprinted in *Kleine Schriften* I, 2001: 189-97, e in D. Cairns, ed., *Oxford Readings in Homer's Iliad*, 2001: 92-116).

B. Graziosi, *Inventing Homer: The Early Reception of Epic* (Cambridge, 2002).

W. Wallis, "Homer: A Guide to Sculptural Types", *Living Poets* (Durham, 2015) (https://livingpoets.dur.ac.uk/w/Homer:_A_Guide_to_Sculptural_Types).

Estudos homéricos antigos e início dos estudos homéricos modernos

E. Dickey, *Ancient Greek Scholarship: A Guide to Finding, Reading, and Understanding Scholia, Commentaries, Lexica, and Grammatical Treatises, from their Beginnings to the Byzantine Period* (Oxford, 2007).

R. Nünlist, *The Ancient Critic at Work. Terms and Concepts of Literary Criticism in Greek Scholia* (Cambridge, 2009).

R. Pfeiffer, *History of Classical Scholarship: From the Beginnings to the End of the Hellenistic Age* (Oxford, 1968).

A. Grafton, G. W. Most, e J. E. G. Zetzel, eds, *F. A. Wolf: Prolegomena to Homer, 1795* (Princeton, 1985).

CAPÍTULO 2: PISTAS TEXTUAIS

Poesia Oral

E. Bakker, *Pointing at the Past: From Formula to Performance in Homeric Poetics* (Cambridge, MA, 2005).

J. M. Bremer, I. de Jong, and J. Kalff, eds, *Homer: Beyond Oral Poetry. Recent Trends in Homeric Interpretation* (Amsterdam, 1987).

J. M. Foley, *Homer's Traditional Art* (University Park, PA, 1999).

A. Lord, *The Singer of Tales*, 2nd edition with CD-Rom, eds S. Mitchell and G. Nagy (Cambridge, MA, 2000).

G. Nagy, *Poetry as Performance: Homer and Beyond* (Cambridge, 1996).

G. Nagy, *Plato's Rhapsody and Homer's Music: The Poetics of the Panathenaic Festival in Classical Athens* (Washington, DC, 2002).

M. Parry, *The Making of Homeric Verse: The Collected Papers of Milman Parry*, ed. A. Parry (Oxford, 1971).

Língua e gramática homéricas

Ø. Andersen and D. T. T. Haug, eds, *Relative Chronology in Early Greek Epic Poetry* (Cambridge, 2012).

P. Chantraine, *Grammaire Homérique* (Paris, 1948-53).

R. Janko, *Homer, Hesiod and the Hymns: Diachronic Development in Epic Diction* (Cambridge, 1982).

D. B. Monro, *A Grammar of the Homeric Dialect* (Oxford, 1891; repr. Bristol, 1998).

B. Snell et al. *Lexikon des frühgriechischen Epos* (Göttingen, 1955-2010).

J. R. Tebben, *Concordantia Homerica, Pars 1: Odyssea. A Computer Concordance to the van Thiel Edition of Homer's Odyssey* (Hildesheim, 1994).

J. R. Tebben, *Concordantia Homerica, Pars 2: Ilias. A Computer Concordance to the van Thiel Edition of Homer's Iliad* (Hildesheim, 1998).

Primeiros textos de Homero

A. C. Cassio, "Early editions of the Greek epics and Homeric textual criticism", in F. Montanari, ed., *Omero tremila anni dopo* (Roma, 2002), 105-36.

CAPÍTULO 3: PISTAS MATERIAIS

C. Antonaccio, *An Archaeology of Ancestors: Tomb Cult and Hero Cult in Ancient Greece* (Lanham, MD, 1994).

M. Finkelberg, *Greeks and Pre-Greeks: Aegean Prehistory and Greek Heroic Tradition* (Cambridge, 2005).

I. Malkin, *The Returns of Odysseus: Colonisation and Ethnicity* (Berkeley, 1998).
I. Morris, *Archaeology as Cultural History: Words and Things in Iron Age Greece* (Malden, MA, 2000).
B. B. Powell, *Homer and the Origin of the Greek Alphabet* (Cambridge, 1991).
J. Neils, *Goddess and Polis: The Panathenaic Festival in Ancient Athens* (Princeton, 1992).
J. I. Porter, "Making and unmaking: the Achaean Wall and the limits of fictionality in Homeric criticism", *Transactions of the American Philological Association* 141 (2011): 1–36.
C. Runnels, *The Archaeology of Heinrich Schliemann: An Annotated Bibliographic Handlist* (Boston, 2002).

CAPÍTULO 4: O POETA NOS POEMAS

S. Goldhill, *The Poet's Voice: Essays on Poetics and Greek Literature* (Cambridge, 1991).
B. Graziosi, "The poet in the *Iliad*", in A. Marmodoro and J. Hill, eds, *The Author's Voice in Classical and Late Antiquity* (Oxford, 2013) 9–38.
I. de Jong and R. Nünlist, "From bird's eye view to close-up: the standpoint of the narrator in the Homeric epics", in A. Bierl, A. Schmitt, and A. Willi, eds, *Antike Literatur in neuer Deutung. Festschrift für Joachim Latacz anlässlich seines 70. Geburtstages* (Munich, 2004) 63–83.
E. Minchin, *Homer and the Resources of Memory: Some Applications of Cognitive Theory to the Iliad and the Odyssey* (Oxford, 2001).
A. Purves, *Space and Time in Ancient Greek Narrative* (Cambridge, 2010).
S. D. Richardson, *The Homeric Narrator* (Nashville, 1990).
R. Scodel, *Listening to Homer: Tradition, Narrative, and Audience* (Ann Arbor, 2002).
J. Strauss Clay, *Homer's Trojan Theater: Space, Vision, and Memory in the Iliad* (Cambridge, 2011).
M. M. Winkler, ed., *Troy: from Homer's Iliad to Hollywood Epic* (Oxford, 2007).

PARTE II: A ILÍADA
CAPÍTULO 5: A IRA DE AQUILES

D. Cairns, *Aidōs: The Psychology and Ethics of Honour and Shame in Ancient Greek Literature* (Oxford, 1993).

M. Clarke, *Flesh and Spirit in the Songs of Homer: A Study of Words and Myths* (Oxford, 1999).

D. Elmer, *The Poetics of Consent: Collective Decision Making in the Iliad* (Baltimore, 2012).

J. Griffin, "Homeric words and speakers", *Journal of Hellenic Studies* 106 (1986): 36–57.

L. Muellner, *The Anger of Achilles: Mênis in Greek Epic* (Ithaca, NY, 1996).

L. Slatkin, *The Power of Thetis: Allusion and Interpretation in the Iliad* (Berkeley, 1991).

G. Zanker, *The Heart of Achilles: Characterization and Personal Ethics in the Iliad* (Ann Arbor, 1994).

CAPÍTULO 6: UM POEMA SOBRE TROIA

J. Griffin, *Homer on Life and Death* (Oxford, 1980), esp. capítulo 4.

J. Haubold, *Homer's People: Epic Poetry and Social Formation* (Cambridge, 2000).

S. Scully, *Homer and the Sacred City* (Ithaca, NY, 1990).

CAPÍTULO 7: A TRAGÉDIA DE HEITOR

M. Alexiou, *The Ritual Lament in Greek Tradition*, revised edition D. Yatromanolakis and P. Roilos (Lanham, MD, 2002).

M. Arthur Katz, "The divided world of *Iliad* VI", in H. Foley, ed., *Reflections of Women in Antiquity* (New York, 1981), 19–44.

P. E. Easterling, "The tragic Homer", *Bulletin of the Institute of Classical Studies* 31 (1984): 1–8.

P. E. Easterling, "Men's κλέος and women's γόος: female voices in the *Iliad*", *Journal of Modern Greek Studies* 9 (1991): 145–51.

B. Graziosi and J. Haubold, eds, *Homer: Iliad VI* (Cambridge, 2010).

I. de Jong, ed., *Homer: Iliad XXII* (Cambridge, 2012).

C. W. MacLeod, *Homer: Iliad XXIV* (Cambridge, 1982).

J. Redfield, *Nature and Culture in the Iliad: The Tragedy of Hector*, 2nd edition (Durham, NC, 1994).

J. Strauss Clay, "Dying is hard to do", *Colby Quarterly* 38.1 (2002): 7–16.

PARTE III: A ODISSEIA

CAPÍTULO 8: O HOMEM DE MUITAS GUINADAS

M. Detienne and J.-P. Vernant, *Cunning Intelligence in Greek Culture and Society*, trans. J. Lloyd (Chicago, 1991).

G. W. Most, "The structure and function of Odysseus" *Apologoi, Transactions of the American Philological Association* 199 (1989): 15–30.

M. Nagler, "Odysseus: the proem and the problem", *Classical Antiquity* 9 (1990): 335–56.

J. Peradotto, *Man in the Middle Voice: Name and Narration in the Odyssey* (Princeton, 1990).

L. H. Pratt, *Lying and Poetry from Homer to Pindar* (Ann Arbor, 1993).

P. Pucci, "The proem of the *Odyssey*", *Arethusa* 15 (1982): 39–62.

D. Steiner, ed., *Homer: Odyssey XVII–XVIII* (Cambridge, 2010).

CAPÍTULO 9: MULHERES E MONSTROS

L. G. Canevaro, *Women of Substance in Homeric Epic: Women, Objects, Agency* (Oxford, 2018).

B. Clayton, *A Penelopean Poetics: Reweaving the Feminine in Homer's Odyssey* (Lanham, MD, 2004).

N. Felson-Rubin, *Regarding Penelope: From Character to Poetics* (Princeton, 1994).

A. F. Garvie, *Homer: Odyssey VI–VIII* (Cambridge, 1994).

M. Katz, *Penelope's Renown: Meaning and Indeterminacy in the Odyssey* (Princeton, 1991).

J. Redfield, "The economic man", in C. A. Rubino and C. W.

Shelmerdine, eds, *Approaches to Homer* (Austin, 1983), 218-47, reprinted in L. E. Doherty, ed., *Oxford Readings in Homer's Odyssey* (Oxford, 2009) 265-87.

J. Strauss Clay, *The Wrath of Athena: Gods and Men in the Odyssey*, corrected reprint (Lanham, MD, 1997).

T. van Nortwick, "Penelope and Nausicaa", *Transactions of the American Philological Association* 109 (1979) 269-76.

CAPÍTULO 10: UMA VIAGEM INFERNAL

G. Gazis, *Homer and the Poetics of Hades* (Oxford, 2018).

B. Graziosi and E. Greenwood, *Homer in the Twentieth Century: Between World Literature and the Western Canon* (Oxford, 2007).

E. Hall, *The Return of Ulysses: A Cultural History of Homer's Odyssey* (London, 2008).

J. D. Reid, ed., *The Oxford Guide to Classical Mythology in the Arts, 1300-1990s* (Oxford, 1993).

W. B. Stanford, *The Ulysses Theme: A Study in the Adaptability of a Traditional Hero*, 2nd edition (Oxford, 1963).

ÍNDICE REMISSIVO

A

Afrodite 63

Agamêmnon 62, 63, 83, 84, 85, 86, 87, 88, 97, 100, 102, 133, 138, 149

aidōs, ver vergonha 108

Ájax 58, 85, 87, 88, 100, 146, 149

Alcínoo 50, 129, 137

Alcmena 137

Alexandre, o Grande 140, 149

amizade ao hóspede (ver também hospitalidade) 130

análise linguística 53

Andrômaca 14, 105, 107, 108, 109, 110, 150

Anquises 139

Antenor 100, 150

Antínoo 78

Antíope 137

Apolo 48, 49, 83, 84, 85, 86, 87, 88, 89, 105, 146, 148

aqueus 60, 62, 63, 72, 74, 83, 84, 85, 86, 87, 97, 101, 103, 105, 119, 131, 147, 149

Aquiles 13, 14, 43, 45, 48, 49, 62, 63, 74, 75, 83, 84, 85, 86, 87, 88, 89, 90, 91, 92, 93, 94, 95, 97, 100, 101, 103, 104, 105, 109, 110, 111, 123, 138, 139, 146, 148, 149, 150, 152

   armadura 74, 75

   avaliação psicológica 91

   causa de cegueira de Homero 76

   escudo de 73, 74, 75, 111, 148

fórmulas que o descrevem 44, 48
ira de 69, 83, 148
morte de Heitor 88, 97, 103
Arend, Walter 45, 146
Ares 63
Arete 129, 137, 151, 152
Argos 37, 77, 148
Arisbe 99
Aristóteles 38, 39, 95, 96, 120, 123, 146, 151
Arte. Arte: ver também pintura em vaso; e Escudo de Aquiles
    Heitor despedindo-se de Andrômaca 106
    Odisseia Roots 141
    representação da morte de Aquiles 104
    representação de Odisseu e Bóreas 125
    representação em baixo-relevo de Príamo e Aquiles 93
    representações de Homero 39, 40
Astíanax 107, 109, 110, 150
Atena 50, 59, 84, 86, 105, 111, 118, 121, 122, 123, 129, 146, 148, 151
Atenas 37
Atreu 83, 87
Áulis 97
Auschwitz 142, 153
Axilo 99

B

Babilônia 37
    literatura babilônica 90
Bearden, Romare 14, 141
Belerofonte 65
Bóreas 14, 125, 126
Briseida 84, 85, 92, 97
Busca por Troia 57

C

cabo Maleia 60, 61
Cálidon 74
Calipso 61, 116, 119, 120, 128, 130, 151
Caríbdis 61, 117, 118
Catálogo das Naus 13, 69, 74, 77, 97, 148
Catálogo dos Troianos 13, 74, 148
Cavalo de Troia 63, 140
Cefalônia 62

cenas típicas 46, 52, 146

Césaire, Aimé 142, 153

Chadwick, John 57

Cícero 140

Ciclo Épico. ver poemas cíclicos.

ciclope 118, 119, 124, 125

cicônios 60, 130

Cila 61, 117

cimérios 136

Cíprias 38, 39, 146

Circe 61, 130, 131, 136, 151

civilização micênica 56

Clitemnestra 133

código do povo 101, 110

código heroico 101, 150

coloração jônica do grego homérico 52

Colunas de Hércules 60, 140

comedores de lótus 130, 152

comércio 57, 62, 66

compensação 46, 84, 99

competição do arco 148

composição oral 46, 47, 123

Creta 127, 128

Criseida 83, 84, 85

Cronos 122

culto ao herói 60

cultura bizantina 32

D

dânaos 69

Dante 33, 60, 139, 140, 141

Deífobo 111

Delfos 86, 87

Demódoco 63, 71, 147

    como figura autobiográfica 71

destino 92, 112, 120, 135, 139

deuses 38, 49, 52, 57, 58, 70, 74, 76, 83, 87, 90, 92, 97, 101, 103, 105, 111, 122, 132, 135, 148

dieta dos heróis 58

Diomedes 99

Divina Comédia, A (Dante) 139

Dulíquio 61

E

Édipo 38, 51, 137

Egípcio 124

Egito 58

Elpenor 137

Eneida (Virgílio) 139, 153

Enkídu 90, 135

eólia Cime 37

Éolo 131

épica iugoslava 45

Epicasta 137

Epopeia de Gilgámesh 92, 135, 149, 152

escavações arqueológicas 56

escrita 47, 56, 65, 66, 147

    desenvolvimento inicial 47

    referências a 65

Esfinge 51

Esmirna 37

Ésquilo 38, 39, 145

Estudantes 52

estudiosos antigos 41, 42, 47, 52, 58, 66, 72, 89, 101, 123

Etiópia 76, 148

Eumeu 77, 78, 148

Eupeites 122

Euricleia 77

Eurídice 136

Eustácio 100

F

fama 41, 70, 138

feácios 61, 71, 77, 117, 120, 130, 132, 136, 137, 147

Fêmio 63, 71, 119, 147

Fenícia 58

Fênix 85, 87, 89

focalização 70, 71, 79

fórmulas 43, 44, 47, 48, 49, 51

Ftia 74

G

gado do Sol 124

Gibraltar 140

Gilgámesh. ver *Epopeia de Gilgámesh*.

Glauco 100

Goethe, Johan Wolfgang von 41, 42, 146

Górgona 138

grego ático 52

grego eólico 52

grego homérico 52

grego micênico 52

Guerra de Troia 7, 38, 58, 77, 87, 95, 96, 98, 100, 101

H

Hades 83, 136, 152

Harpálion 98

Hécuba 96, 106, 149

Hefesto 74

Heitor 14, 48, 88, 89, 91, 92, 94, 96, 97, 102, 103, 104, 105, 106, 107, 108, 109, 110, 111, 149, 150

Helena 74, 96, 97, 106, 111, 137, 150

Hera 86

Héracles 135, 137, 138

Hermes 131

Heródoto 38, 39, 146

heróis, estilo de vida 58, 59, 60, 61, 62, 83, 138

hexâmetro 44, 47, 52, 57

Hinos Homéricos 38

Hipérion 116

História Natural (Plínio) 40, 146

Homero

    biografias 11, 75

    cegueira 75

    locais de nascimento 37, 61

    nome 37, 40

    retratos 39, 40

Horácio 140

I

Idade das Trevas, grega 56, 57, 58, 65

Ilha dos Bem-aventurados 37

Ilíada

    Aquiles, descrição 43

    autenticidade 38, 39

    cenas típicas 49, 50

    datação 53, 66

    dieta 58

    execuções 63

    fim da 48

    ira de Aquiles 69, 86

    localização 61, 96, 119

    morte de Heitor 88, 98, 149

    mortes de personagens menores 65, 78, 89, 90, 92, 149

    oral ou escrita 46, 47

    paralelos com a *Epopeia de Gilgámesh* 90

    passagens discutidas 145, 146, 147, 148, 150

    referências à escrita 65, 66, 67

    resumo da trama 95, 96

    voz do narrador 69

Ílio. ver Troia

Ímbrio 100

Inferno 33

Inferno (Dante) 142, 153

Ino 151

Intertextualidade 86, 105, 106, 107

intervenção divina 123

Ísquia 13, 65, 66

Ítaca 61, 63, 74, 77, 116, 119, 121, 122, 124, 127, 132, 133, 147

Itália 33, 60, 61, 66

Iugoslávia 43

J

Jocasta. ver Epicasta.

Jônia 37, 62

Joongwon, C. J. 13, 40

Joyce, James 142

K

Kauffmann, Angelika 14, 106

kleos. ver fama.

L

Lacedemônia 74

Laerte 133

Lamb, Charles 121

Leda 137

Leôncio Pilatos 31, 145

lestrigões 131

Levi, Primo 7, 142, 153

Licáon 99

Lícia 60, 65, 100, 101, 147

liderança 102, 126

Linear B, tabuinhas 56, 57

língua. ver fórmulas, grego homérico, análise linguística, grego micênico

literatura 7, 31, 142, 143

Longino 71, 147

Lord, Albert 43, 45, 46, 47

Luciano 37

lugares 37, 43, 56, 61, 77, 91

luta 45, 72, 74, 88, 89, 97, 107, 112, 121, 122

luto 89, 91, 92, 110

M

manuscritos 33

mar Egeu 72

Melâncio 125, 151

Meleagro 89, 149

Memorial (Oswald) 99

Menelau 59, 97

Mentor 122

Meríones 98

metro 44, 45, 47

Micenas 61

monstros 77, 117, 131

morte 14, 48, 49, 86, 89, 90, 91, 92, 95, 96, 98, 99, 100, 101, 102, 103, 104, 105, 108, 109, 110, 111, 112, 116, 120, 123, 129, 130, 135, 137, 138, 140, 143, 152

    de Aquiles 49, 85, 91, 104, 105

    de Odisseu 139, 140

mulheres 59, 85, 92, 94, 105, 106, 108, 111, 127, 128, 130, 132, 133, 137, 138, 150, 152

Muros de Troia 13, 59

Musas 69, 70, 73, 76

N

Narratologia 69, 70, 71, 73, 74, 76, 77, 79

Nausícaa 13, 49, 50, 117, 118, 129, 132, 151

Nestor, taça de 64, 66

Nietzsche, Friedrich 7, 42, 146

Níobe 92

nostos. ver retorno.

O

Oceano 75, 136

Odisseia

    autenticidade 38, 39

    datação 53

    execuções 63

    fim da 122

    localização 61, 77

    monstros 127

    oral e escrita 46

    resumo da trama 121

    sociedade 62

    viagem ao Submundo 135

    voz do narrador 69, 70

Odisseia Roots (Bearden) 14

Odisseu

    "de muitas guinadas" 116, 151

    disfarces 118, 127

    representações artísticas 51

    sede de conhecimento 131, 139, 140

    viagem de 60, 135

Olimpo 69, 74, 76, 84, 148
Omeros (Walcott) 153
Orestes 138
Orfeu 135, 136
Oswald, Alice 99

P

paflagônios 99
Panateneias, festival 66
Páris 96, 97, 104, 105, 106, 149
Parry, Milman 13, 43, 44, 45, 46, 47, 95, 146
Pátroclo 74, 88, 89, 90, 92, 97, 103, 149
Penélope 63, 77, 78, 118, 119, 120, 121, 123, 127, 128, 132, 133, 134, 137, 151, 152
Perséfone 138
perspectiva do poeta 63
Petrarca 31, 32, 33, 41, 145
Pilos, escavação 56, 57
pirataria 130, 139
Pisístrato 66
Pito 86
Platão 38, 78, 148

poemas cíclicos 95, 96
Poeta perspectiva do poeta 69
Poética (Aristóteles) 146
Polifemo 61, 76, 118, 119, 130, 151
política 63
Pope, Alexander 108, 150
portas Ceias 107, 110
Posídon 57, 76, 86, 120, 128, 137, 148
prazer 11, 90, 116, 127, 130, 131, 132, 133, 134, 136, 139
Príamo 13, 89, 91, 92, 93, 94, 98, 108, 149
Proclo 96
Prolegomena ad Homerum 41
Protesilau 99
Purgatório 139, 140

Q

Questão Homérica 41, 42, 43, 47, 52
Quios 37

R

Renascença 31
repetição 44, 48
resgate. ver compensação
retorno 63, 85, 116, 119, 121, 143, 153

ritual. ver culto ao herói, súplica.

romanos 60, 61, 140, 152

roupas 50, 90, 127, 128, 129, 134, 143, 151, 153

S

Salamina 37

Salonica 142

Samos 61

Sarpédon 60, 100, 101, 150

Schliemann, Heinrich 55, 56, 146

Schliemann, Sophia 13, 57

scholia. ver estudiosos antigos

Sêneca 140

Sereias 61, 152

Shay, Jonathan 91

Shidúri 90, 92, 149

Sicília 61

símiles 58, 59, 117, 119

simulação digital do campo de batalha homérico 72, 148

Sísifo 138, 139

sobrevivência 33, 51, 116, 126, 127

Sol, gado do 70

Submundo 61, 136

encontros no 120, 152

viagem ao 33, 120, 135, 139

súplica 46, 51

T

Tântalo 138, 139

Teágenes de Régio 66

Tebas 38, 137

Télamon 100

Telêmaco 63, 70, 77, 78, 79, 119, 121, 133, 151

Tennyson, Alfred 135, 152

Teseu 135, 138

Tétis 74, 76, 84, 86, 87, 91, 92, 105, 149

Tirésias 76, 120, 136, 137, 139, 148, 151

Tirinto 56

Tiro 137

Tiro, Líbano 93

Trácia 58

traduções 32, 41, 145

Tragédia 103

transtorno de estresse pós-traumático 91

trauma 91

Trégua, A (Levi) 142, 153

Troia 55, 58, 60, 62

    Ilíada como um poema sobre 95

    prova de existência 13, 55, 56

Turquia 37, 52, 55

U

Ulisses 121, 140, 142, 153

Ulisses (Joyce) 142

Ulisses (Levi) 142

Unitaristas 42

Utanapíshti 90

V

Venetus A 41

Ventris, Michael 57

vergonha 102, 103, 108, 111

Vico, Giambattista 41, 146

Vietnã 91

vingança 71, 77, 88, 91, 125, 126

Virgílio 7, 136, 139, 140, 153

Vivaldi, irmãos 140

Vujnović, Nikola 13, 44

W

Walcott, Derek 33, 142, 153

Wilamowitz-Moellendorff, Ulrich von 56, 146

Wolf, Friedrich August 41, 42, 146

X

Xanto 101

xenia. ver hospitalidade.

MNĒMA

www.editoramnema.com.br

Papéis: Chambril Avena 80g.
Cartão supremo alta alvura 250g.
Tipos: Gentium Book Plus e Glober